くさい食べもの大全

小泉武夫

東京堂出版

はじめに

昨今の日本では、個性派とおぼしき人物を見かけることがめっきり少なくなった。昔は、真っ昼間から熱燗ぐびぐびやって、大根おろしにトンガラシかけて食っているようなおっちゃんが、けっこういたものである。若者だって、大声で猥歌《わいか》を唄い、エロ本を読み、ワイワイガヤガヤとやかましかった。みな、自分の個性をしっかりもっていたように思う。

個性を生み出す大きな要素のひとつが、においだ。昭和の街はさまざまなにおいであふれていた。においで呼び覚まされる記憶もたくさんある。ところが、この頃の日本では、においはあまり歓迎されない。くさいにおいに至っては、神経質なまでに敬遠されている。食の場でもそれは顕著である。

たとえば、若い人たちを中心に、においの少ない納豆が売れているという。自称〝発酵仮面〟の私としては憤りさえ覚える現象だ。発酵食品の代表である納豆は、宿命的にくさいにおいを宿している。くさいにおいこそ、まさに納豆の最大の個性であり、魅力である。それをわざわざ消してしまって、においの少ないことをもてはやす社会はいかがなものだろう。納豆文化の消滅、ひいては日本の食文化の消滅につながりかねないと、私は危惧している。

くさいものを知ることは、人間力を身につけるうえでも非常に重要でもある。そのことを思い知ったのは、十数年前、ＮＨＫの『課外授業　ようこそ先輩』という番組で、郷里の福島県小野町の母校を訪ね、小学生に〝くさい体験授業〟を行ったときだった。その日、私が持参したのは教科書ではなく、シュール・ストレミング（→12頁）と腐ったサバ（鯖）である。

腐ったサバが猛烈にくさいのは想像がつくだろう。しかし、シュール・ストレミングのにおいも負けていない。シュール・ストレミングは、スウェーデン特産の塩漬けしたニシンの缶詰で、強烈な発酵臭がする。くさいという点ではどちらも同じだ。しかし、決定的に異なっているのは、腐ったサバは、私たちの生命を脅かす危険な食べものであるのに対し、発酵食品のシュール・ストレミングは安全な食べものだということである。

子どもたちに、それぞれの食品のにおいを嗅がせたところ、いずれも、「くさい、くさい」と大騒ぎになったが、「どちらかを必ず食べなければいけないとしたら、どっちを選ぶ？」という究極の問いかけに、全員がシュール・ストレミングを選んだのである。

つまり、人間は生まれながら、自分にとって不要なにおいと必要なにおいを嗅ぎ分ける力をもっている。どのような人でも、初めて口にするものは必ずにおいを嗅ぐが、これは本能的な行動にほかならない。くさいものを知ることは、人としてたくましく生きるために欠かせない教養なのだ。

実際、私はこれまで多くの人と出会ってきたが、くさいものが好きな人のほうが、そうでない人にくらべて人間力が高いことを実感している。まさに「人間くさい」のである。本書で紹介した食品もすべてそうだが、くさいものは生命体がつくる貴重な個性であり、自分の証《あかし》なのである。生き様といってもいいだろう。

逆にいうと、くさいにおいを必要以上に嫌ったり、身の回りから遠ざけたりすることは、個性を失うことである。人間の本質は、においなのだ。現代の日本人は、人間の本質に逆らって生きているような気がしてならない。

そこで今回、そのくさいものをもっと理解してもらいたいために、私がこれまで世界中で口にしてきた食品（または料理）の中から、くさいものを選《よ》りすぐって本書にまとめてみた。自分の経験に基づいた内容だから、かなりの「生ぐさい内容」となっている。単にくさいという話だけでなく、なぜそのようなくさいものがその土地で発祥したのか、地元ではどのように食されてきたのかといった歴史的・文化的な背景、あるいは栄養学・生物学を中心とした学術的なエピソードも盛り込んである。

誌面を通してくさいにおいを感じてもらって、ひとりでも多くの人がくさいものの魅力に気づき、くさいものをどんどん体内に入れて、自らの人間力を高め、個性を発揮する原動力となれば幸甚である。

なお、それぞれの食品の「くささ」の度合いについては、星の数で五段階評価しておいた。ぜひコイズミワールド発信の「コイズミシュランガイド」としてもご利用いただきたい次第である。

『くさい食べもの大全』目次

「くさい度数」について

★　あまりくさくない。むしろ、かぐわしさが食欲をそそる。
★★　くさい。濃厚で芳醇なにおい。
★★★　強いくさみで、食欲増進か食欲減退か、人によって分かれる。
★★★★　のけぞるほどくさい。咳き込み、涙することも。
★★★★★　失神するほどくさい。ときには命の危険も。

第1章　魚類　*Fish*

・パー・ソム　くさい度数★★★★★　45
・プララ　くさい度数★★★　46
・マム・チュア　くさい度数★★★　46
・マム・トム・チュア　くさい度数★★　47
・ファーク　くさい度数★★★　48
・チンチャーロ、プカサム　くさい度数★★　49
・ンガチンヂン　くさい度数★★　49
・シッケ　くさい度数★★　50
・コイ（鯉）の熟鮓　くさい度数★★★　52
・メフン　くさい度数★　53
・アユのうるか　くさい度数★　55
・がん漬け　くさい度数★★　56
・アミの塩辛　くさい度数★★　57
・セインザー・ガピ　くさい度数★★　59
・へしこ　くさい度数★★　60
・フグの卵巣の糠漬け　くさい度数★★★　62
・ヤツメウナギの鍋　くさい度数★　66

第2章　魚醤

Fish sauce

・しょっつる（塩魚汁）　くさい度数★★★　71
・いしる（いしり）　くさい度数★★★　73
・いかなご醤油（玉筋魚醤油）　くさい度数★★　75
・イワシ醤油　くさい度数★★★　76
・アユ醤油　くさい度数★　77
・サケ醤油　くさい度数★　78
・いさじゃ漬け　くさい度数★★★★★　79
・ニョク・マム　くさい度数★★★★　80
・ナン・プラー　くさい度数★★★★　82
・タガメ醤油　くさい度数★★★　83
・ナン・パ　くさい度数★★★　84
・アンチョビソース　くさい度数★★　86

第3章 肉類

Meat

・ヒツジ くさい度数★ 88
・シシカバブ くさい度数★★ 91
・羊肝スープ くさい度数★★ 93
・セルヴェル くさい度数★ 94
・ジンギスカン くさい度数★★ 95
・ヒツジの「血の腸詰め」 くさい度数★★★★ 96
・ヤギ くさい度数★★★ 99
・シカ くさい度数★ 102
・イタチ くさい度数★★ 105
・イノシシ くさい度数★ 106
・タヌキ くさい度数★★★ 110
・キツネ くさい度数★★★ 112
・クマ くさい度数★ 113
・カンガルー くさい度数★ 115
・ウサギの肉と脳みそ くさい度数★ 116
・豚肉の熟鮓 くさい度数★★★★ 119
・牛肉の熟鮓 くさい度数★★★ 121
・豚と牛の生殖器詰め くさい度数★★ 122
・白カビサラミ くさい度数★★ 123
・カエル、トカゲの熟鮓 くさい度数★★★★ 124
・ヘビ くさい度数★★ 127
・ネズミ くさい度数★★ 131
・セイウチ くさい度数★★★ 133
・クジラ くさい度数★ 134
・イルカ くさい度数★★ 138
・アザラシ くさい度数★★★ 139
・キビヤック くさい度数★★★★★以上 140
・オットセイ くさい度数★★★ 143
・カラス くさい度数★★★ 144
・ツル くさい度数★ 148
・その他の野鳥 くさい度数★★ 149
・腊鴨腎《ラアヤーシェン》 くさい度数★★ 150
・カイ・ルック くさい度数★ 151
・バター茶 くさい度数★★★ 153

第4章 納豆
Natto (Fermented soybeans)

- 塩辛納豆 くさい度数 ★★★ 159
- 糸引き納豆 くさい度数 ★★★★ 162
- 納豆醤油 くさい度数 ★★★ 166
- 納豆とくさやの「天狗印茶漬け」 くさい度数 ★★★★ 168
- 納豆汁 くさい度数 ★★★ 169
- 納豆モチ くさい度数 ★★★ 172
- 納豆ラーメン くさい度数 ★★★ 173
- 納豆とイカの腸の和えもの くさい度数 ★★★ 174
- 納豆のピータン和え くさい度数 ★★★ 175
- 干し納豆 くさい度数 ★★★ 176

第5章 大豆製品
Soybean products

- 腐乳《フウルウ》（臭腐乳） くさい度数 ★★★★★以上 180
- 血豆腐《チトウフウ》 くさい度数 ★★ 182
- 大腸血豆腐《タアチャンチトウフウ》 くさい度数 ★★ 184
- 臭豆腐《チイトウフウ》 くさい度数 ★★★★★以上 185

第6章 野菜・果物
Vegetables/Fruits

- ギンナン（銀杏） くさい度数 ★（殻無し）、★★★★★（殻付き） 190
- ドリアン くさい度数 ★★★★ 192
- アボカド くさい度数 ★★★ 195
- マーメイ くさい度数 ★ 197

・ニンニク くさい度数 ★★★★★以上 198
・ギョウジャニンニク くさい度数 ★★★★★以上 202
・ニラ くさい度数 ★★★★ 203
・ネギ くさい度数 ★★ 204
・タマネギ くさい度数 ★★ 206
・香椿《シャンチュン》 くさい度数 ★★★ 209
・ドクダミ くさい度数 ★★★★ 210
・ダイコン くさい度数 ★★★ 212
・コリアンダー くさい度数 ★★★ 214
・マ・タロ&マ・ニオック くさい度数 ★★★★ 216

第7章 虫類 *Insecta*

・クサギカメムシの幼虫 くさい度数 ★★★ 219
・セミ くさい度数 ★★ 220
・カブトムシ くさい度数 ★★★ 222
・蚕《かいこ》のサナギ くさい度数 ★★★ 224
・タガメの虫蒸しパン くさい度数 ★★ 226

第8章 酒類 *Alcoholic drinks*

●白酒《パイチュウ》
・茅台酒《マオタイチュウ》 くさい度数 ★★★★★ 232
・汾酒《フェンチュウ》 くさい度数 ★★★★★ 233
・西鳳酒《シイフォンチュウ》 くさい度数 ★★★★★ 235

● 薬用酒（葯味酒《ヤオウェイチュウ》）
・雪蛤大補酒《シュエハーダーブーチュウ》 くさい度数 ★★★★ 237
・雄蛾酒《ションエチュウ》 くさい度数 ★★★★ 238
・強壮酒あれこれ くさい度数 ★★★～★★★★ 239
● 中国のその他の酒
・ヘビ酒 くさい度数 ★★★ 241
・紫酒《ツーチュウ》 くさい度数 ★★★ 243
● 世界の酒
・アマルワ くさい度数 ★★★★★以上 245
・メスカルの虫酒 くさい度数 ★★ 248
● 乳酒
・ケフィア くさい度数 ★★★ 251
・乳奶酒《ルーナイチュウ》 くさい度数 ★★★★★ 252
● 日本の酒
・カストリ（粕取）焼酎 くさい度数 ★★★★ 254

第9章 チーズ *Cheese*
・リンブルガー くさい度数 ★★★★ 263
・エルヴェ くさい度数 ★★★★ 264
・ティルジッター くさい度数 ★★★★★ 265
・ハントケーゼ くさい度数 ★★★★★ 266
・スティルトン くさい度数 ★★★★★ 267
・ゴルゴンゾーラ くさい度数 ★★★★ 268
・ロックフォール くさい度数 ★★★★ 269
・エピキュアー くさい度数 ★★★★★以上 270
・ベリー くさい度数 ★★★ 272
・バノン くさい度数 ★★★★ 272
・ハニーム・ゲベイ くさい度数 ★★★ 273
・フェタ くさい度数 ★★★ 273

第10章 漬物 *Pickles*

第 1 章

魚類

Fish

【シュール・ストレミング】　くさい度数　★★★★★以上

地球上で最も強烈なにおいをもった食べものは何か？　そう聞かれたら、私は迷いなく「シュール・ストレミング」と即答する。そのにおいはもはや強烈を超え、悶絶するほどのとてつもない超激烈な臭気だ。

シュール・ストレミングは、スウェーデン特産のニシンの発酵缶詰である。ニシンを開いて塩を少量加え、乳酸菌を主体とした微生物で発酵させるのだが、最初は大きな容器で発酵を促し、発酵が盛んになったところで缶に詰めて密封し、空気を遮断する。つまり、缶詰にするのである。

ふつう缶詰というのは、缶に詰めた直後に加熱殺菌する。これにより、缶の中の微生物が死滅し、長期保存できるようになるのだが、シュール・ストレミングは缶詰にしたあと加熱殺菌しない。つまり、発酵菌を生かしたまま缶詰の中に密封するのである。そのため、シュール・ストレミングは缶に詰めて密封したあとも発酵が続く。すると、発酵を起こす微生物は空気のほとんどない状況で異常代謝を起こし、強烈なにおいを放つ代謝生産物をどんどん生み出していく。プロピオン酸や吉草酸《きっそうさん》、酪酸《らくさん》、カプロン酸はその代表だ。加えて、魚が分解されて生じたアンモニア、揮発性アミン、硫化水素、メルカプタン類などの成分が混じり合って、驚異の大臭気が誕生するのである。スウェーデンでは「地獄の缶詰」との異名もあるらしい。

そんな話を聞いて、私の食指が動かないわけない。地獄のような大臭気といっても、スウェーデンでは食品として一般に市販されているものである。少なくとも命を落とすことはないだろう。しかも、そんなにくさくても食べる人がいるということは、よほどうまいに違いない。

私が初めてシュール・ストレミングを口にしたのは、スウェーデンのホテルの一室だった。当地産の蒸留酒（ウオッカのような酒）の肴にすべく、デパートの食料品売り場で1缶購入し、宿泊先のホテルへもち帰ったのである。

シュール・ストレミングが只者でないことは、缶を見ただけでもすぐわかった。日本の缶詰の3倍くらいの大きさの缶が、その内容物の異常発酵を物語るようにパンパカパンに膨れ上がっていたのだ。これは発酵によって生じた炭酸ガスの圧力が、金属の缶を内部から押し上げているからで、いつ爆発してもおかしくない緊迫感をかもしだしていた。

実際にスウェーデンでは、製造中や輸送中に相当数の缶詰が爆発していると聞く。シュール・ストレミングが魚の缶詰の中でも高値なのは、破裂で生じる損益が大きいので、それが値段に上乗せされているというまことしやかなウワサもある。

ともかく、百聞は一食に如《し》かずである。ホテルの部屋で、まず酒を開けて喉をうるおし、そのあと期待に胸をふくらませながらパンパカパンに膨満しているシュール・ストレミングの缶に、缶切りの刃先をぐいっとくいこませた。

その途端、まさに地獄絵図のような事態に陥ったのである。シューッという炭酸ガスの噴き上げ音と共に、魚の発酵したドロドロネバネバ状のものが勢いよく噴き出してきた。うわっと思ったときはすでに遅しで、私の手や胸、首のあたりは噴き出してきた発酵物のドロドロネバネバにまみれていたのである。いやはや、そのくささといったら、想像を絶するものだった。もはや食べもののにおいではない。腐敗したタマネギに、くさやの漬け汁を加え、それにブルーチーズとフナ鮓《ずし》、古くなったダイコンの糠《ぬか》漬け、さらには道端に落ちて靴で踏まれたギンナンを混ぜ合わせたような空前絶後の凄絶なにおいであった。このとき、私は呼吸困難と吐き気で、命の危険を感じたほどである。

あわててガスを噴いている缶の穴を親指で押さえ、そのままバスルームへ走ってトイレの便器の中に缶詰を放り込んで蓋《ふた》をし、ガスがすべて抜けるのを待つことにした。

においはすでに部屋じゅうに充満していた。窓をすべて開け放ち、衣服も脱いでビニール袋に入れて密封し、ブリーフ一丁になって手や顔についた発酵汁を洗い落としたが、においはとれない。シャワーを浴びようにも、便器の中の缶詰をまず何とかしなければならぬ。息も絶え絶えの状態で、トイレの外蓋に耳をおしつけて中の音を聞いてみる。何の音もしないので、どうやらガスは全部噴き出したようだ。おそるおそる外蓋を開けてみる。すると、シュール・ストレミングのドロドロの内容物が便器の中にタポタポに溜まっていた。缶詰の中にはまだ半分くらい内容物が入っている。それを便器から引きあげ、ビニール袋へ入れて捨てることにした。

ところが、ふと、ここで生来の好奇心にスイッチが入ってしまった。こんなに大騒ぎして缶を開けたのだ。せめてひとくちだけでも味わってみないと気が治まらないではないか。もしかすると、極上のうまさを味わえるかもしれないぞ。缶の中を遠目に覗き込んでみると、発酵してベトベトに溶けた魚が入っていた。色はやや赤みを帯びた灰白色をしている。その発酵汁をほんの少しなめてみた。するとどうだろう。それは酸味と塩味に魚のうまみが加わった濃厚な味で、炭酸ガスのせいで舌先がピリピリした。いうなれば、塩辛を炭酸水で割ったような奇妙な味だったので拍子抜けしてしまった。においの凄《すさ》まじさにくらべたら、味はそれほど仰天するほどのものではない。大騒ぎして食べるほどの代物ではなかったのだ。その夜は一晩中、悪臭に嗚咽《おえつ》を覚えながら、気分も沈み、目覚めの悪い朝を迎えたのだった。

しかし、そんな目に遭ったのは自業自得だとあとから気づいた。シュール・ストレミングを開缶するときは、4つの注意事項を守らなければならないことを知人から教えてもらったのだ。

1つめは、決して家の中で開けないこと。

2つめは、開缶する前には必ず不用な衣類か雨合羽などを全身にまとって開けること。

3つめには、開缶前の缶詰は必ず冷凍庫でよく冷やし、ガス圧を下げてから開けること。

そして4つめに、風下に人がいないことを確認すること、だという。

4つめの注意事項はスウェーデン流のジョークのようだが、少なくとも私は1から3までの鉄則を守っていなかった。だから、あのような大惨事が起こっても仕方なかったのだ。

シュール・ストレミングが世界一くさい食品であることは、数字でも確認できている。においの強さを調べる機器（アラバスター）で測定したところ、納豆363Au（アラバスター単位）（↓158頁）、フナ鮓486Au（↓36頁）、焼いたあとのくさや1267Au（↓23頁）、ホンオ・フェ6230Au（↓17頁）に対し、シュール・ストレミングは断然トップの10870Auであった。ちなみに、私の脱ぎたての靴下は179Auだから、その60倍に相当するシュール・ストレミングのにおいがいかに凄絶なものかわかるだろう。

スウェーデンの人たちは、シュール・ストレミングをパンに挟んだり野菜で包んで食べているが、すべてのスウェーデン人がこの発酵食品を好んで食べているわけではないようだ。日本のフナ鮓やくさやと同じように敬遠する人のほうが多く、一部の愛好者の間で珍重されているらしい。スウェーデンは世界有数の魚食大国であり、ニシンの最大水揚げ地であることから、シュール・ストレミングはその加工技術の結晶といえよう。

発酵食品のシュール・ストレミングは、栄養的にも非常にすぐれている。貴重なたんぱく源であると同時に、他のニシンの酢漬けなどに比べてビタミンが圧倒的に多く、ミネラル、とりわけカルシウムが豊富に含まれている。さらに消化吸収がよいのも特徴で、魚をこのように発酵させて、滋養成分を高め、価値ある保存食品をつくる知恵には感心させられた。

くさい、くさいと連呼してきたが、そのくさいにおいに慣れてしまえば、逆にやみつきになるかもしれない。ただし、この地獄の缶詰を食べるときは、くれぐれも万全の準備と細心の注意を払って食べていただきたい。ひとりで缶を開けて気絶するといけないので、必ず2人以上で食べることをすすめる。

【ホンオ・フェ】　くさい度数　★★★★★以上

ホンオ・フェは、韓国の全羅南道《チョルラナムド》の港町、木浦《モッポ》市で伝統的に食べられてきた郷土料理である。「ホンオ」とはエイ（鱏）で、「フェ」は生肉の意味。つまり、ホンオ・フェとは、「エイの刺身」という意味である。

初めてこのホンオ・フェを食べに木浦へ行ったとき、事前に韓国の知人が1枚のFAXを送ってくれた。それはホンオ・フェについて書かれた韓国の料理本のコピーで、次のような内容だった。

「ホンオ・フェは、たぶん世界一激烈にして地球一強烈なアンモニア臭を発する食べものである。口に入れて噛んだとたん、アンモニア臭は鼻の奥を秒速で通り抜け、脳天に達する。このとき深呼吸すれば、100人中98人は気絶寸前で、2人は死亡寸前となる」

おお、まるで警告文のようではないか。その知人はもしかすると、私を思いとどまらせようとして送ってくれたのかもしれない。しかし、逆効果だった。奇食珍食に目がない私にとって、「死亡寸前に陥るようなにおい」というのは、逆にこのうえなく好奇心を掻き立てるフレーズだ。大きな期待に胸をふくらませながら、韓国の木浦市へ飛んだのはいうまでもない。

木浦は人口30万人くらいの港町だが、活気がありましたなあ。さっそく、木浦で一番うまいというホンオ料理専門店「金メダル食堂」へ行った。木浦一うまいというのは、木浦一アンモニア臭が激烈ということである。

ここの女将は全羅南道ではよく知られた名物女将だ。とにかく愉快で、ホンオ料理を食べている間にも、丸いメガネをかけて愛嬌をふりまき、みなを笑わせてくれる。「私の店のホンオ料理はどこにも負けない金メダルですよ」なんていう。ああ、それで金メダル食堂というわけかと納得。そのひょうひょうとした様子がまた愛らしく、この華奢《きゃしゃ》な体の女性がよもや名実ともに死ぬほどくさい魚を解体するなど、なんとも摩訶不思議な気分なのである。

しかも、エイの中でもホンオは巨大で、横幅およそ80センチ、尾の長さは1メートルほどに達し、体重は十数キログラムにものぼる。そんな大きなエイを1匹まるごと厚手の紙で包んでかめの中に何匹も詰め、重石をして空気を抜き、かめに蓋《ふた》をして10日ほど熟成・発酵させるのだ。すると、ホンオは自分の体の中に残っている消化酵素で自己分解・自己消化・自己溶解するとともに、体の表面についているバクテリアも作用して、それが猛烈なアンモニア臭を生み出すのである。そのまま冷暗所に放置しても、アンモニアによる強いアルカリ性のために腐敗菌は寄りつかず、相当期間、変質が防げるようだ。

エイに限らず、軟骨をもった魚はたいてい少し古くなるとアンモニア臭を発する。たとえばサメもそうだ。自然に発生するアンモニア臭だけでも相当なものだが、ホンオ・フェの場合は、さらに熟成・発酵という手間をかけて、よりアンモニア臭の生成を促すのだから、それはもう激烈なにおいとなるのは避けられない。

能書きはこの辺にして、さっそく女将にホンオ・フェを注文する。すると、女将は「あいよっ」とばかりに、慣れた手つきでホンオの入っている大きなかめの蓋を開ける。この時点ですでに、少し離れた私の席までアンモニア臭の第一波がやってきた。聞きしに勝るクセモノのようだ。

そんな私の動揺を尻目に、女将はかめの中から大きなホンオを取り出して、巨大なまな板の上にでんと1匹横たえる。そして、一番うまいといわれるヒレの下のきょろきょろした部位や、その周辺の肉を5ミリくらいの厚さに軟骨ごとスライスしていく。これがそのまま刺身となる。つまり、これがホンオ・フェである。刺身のまま特製のコチュジャン（唐辛子味噌）ダレをつけて食べるか、ゆでた豚三枚肉のスライスと共にサラダ菜に包み、そこにコチュジャンをつけて食べる。ほかの部位はぶつ切りにして、蒸し料理と煮込み料理にしてくれた。

女将の手際のよさに感心しながらも、私は食べる前からすでに第二波の臭気にあえいでいた。アンモニアのにおいと魚の腐敗したようなくさみ、そして独特の発酵臭が混じり合った強烈なくさみが店全体をむんむんと覆い尽くし、女将までもが解体しながらときどきむせたりしている始末だ。

さて、いよいよ私のテーブルにホンオ・フェが運ばれてきた。まず刺身のホンオ・フェを箸で取り、特製ダレをつけて口に入れて嚙んでみる。2〜3秒後、強烈な第三波が鼻に襲いかかってきた。うっ！　として、頭がくらっ！　として、こりゃ尋常ではないと思った。アンモニアの刺激で涙までポロポロ出てきた。ふと、小学生の頃、汲み取り式の学校の便所にアンモニア臭がたちこめていたのを思い出したが、そんなのはまだ可愛いもので比較にならない。この世のものかと疑うほどのにおいなのである。

あまりのくささに開き直って、思いきり深呼吸をしてみたら、もっと大変なことになった。目の前がスパークして急にぱーっと明るくなり、次の瞬間には突然暗くなって、意識を失いそうになったのだ。まさに気絶寸前のにおいだった。涙に加えて咳まで止まらなくなり、もはや食事をしているというより、拷問にあっているような感じである。

「小泉先生ったら、また笑わせようとして大げさな話をしてる」

そんなふうに疑う読者もいるだろうが、いやいや、本当の話で、ちゃんと科学的裏付けも取ってきてある。

ホンオ・フェを口に入れたとき、日本から持参したpH試験紙をポケットから取り出し、鼻の穴のところにもっていって、鼻息をフーン！　と吹きかけてみたのである。するとどうだ。瞬時のうちに濃い青色になったのである。アンモニアはアルカリ性なので、pH試験紙を青に変えるのだが、その青も、濃青色を通り越して黒に近い濃紫色に変わってしまったのである。これは私の鼻息が、いかにアルカリ度が高いか、つまりアンモニア臭がすごいかを示しているのだ。こんなに強烈なアンモニアが鼻の穴から出てくるなど、通常ではあり得ないことだ。やはりこの食べものが只者でないことが、科学的にも立証されたのである。

しかも、口に入れてしばらく噛んでいると、口の中が熱くなってきた。おそらく、アンモニアが唾液の水分に溶けて水酸化アンモニウムに変化した際の溶解熱だろう。ちょっとホカホカするというよりはかなりの熱さであった。

肝心のホンオ・フェの味だが、最初のうちはにおいに翻弄《ほんろう》されて、うまいのか不味いのか、皆目わからなかった。そのうち、エイ特有のうまみが、アンモニアの辛いような味にごまかされて甘味がのり、それにコチュジャンの辛味、ニンニク、タマネギの辛さや甘さなども入り混じって、まことに複雑な味だった。

しかし、相手が手ごわいほど、私のファイトは湧いてくるのである。

初日は激烈なくささで涙の敗北を喫したものの、このまま帰国したのでは〝味覚人飛行物体〟の名がすたる。その後も木浦市に5日ほど滞在し、金メダル食堂や別の料理屋でホンオ・フェを食べまくった。すると、３日目にはホンオ・フェの真味といったのがわかってきて、４日目、５日目には、それこそ私の舌や鼻のほうから、ホンオ・フェを進んで求めるほどの大好物となっていたのである。何ごとも途中であきらめてはいけないのである。

ところで、ホンオは、以前は木浦から船で3時間くらい行ったところにある黒山島《フクサンド》という島の周辺が最も好漁場とされたが、いまは乱獲がたたってあまり獲れない。そのため、現在、木浦で食べられるのはインドネシアやフィリピンからの輸入ものが主体のようだ。

そんなこともあってホンオは非常に高価で、木浦を含む全羅南道ではホンオ・フェは最高級の料理とされている。とくに冠婚葬祭や新築祝い、大切な客人のもてなしといった場には必ず用意される。ホンオ・フェの出てくる量で、その宴の格式や位が決まるといわれるほどなのだ。

実際、木浦にいるあいだに2つの結婚式を見せてもらったが、いずれの場合もホンオがたくさんふるまわれ、老若男女が好んで食べていた。美しく着飾った若い女性たちも例外でなく、みな「ホンオ・フェ大好き！」といいながら、涙をぽろぽろと流して、くさいくさいホンオ・フェを食べていた。

木浦市内には、金メダル食堂以外でもホンオ料理を食べさせてくれる料理屋がある。そういう店では、たいていメニューに「フクサンド・ホン・タク」と記されている。「フクサンド」とはホンオの産地の黒山島のことで、「ホン」はホンオの頭文字、「タク」はマッコリ（濁酒）のことだから、「本場フクサンド産のホンオと地酒のセット」ということになる。

セットになっているだけあって、ホンオ料理にはマッコリがよく合う。マッコリは酸味の強い酒だから、ホンオのアルカリ性のくさみを中和してくれるのだろう。だから、ホンオ料理を食べて、ウッときて、クラッとしたときは、マッコリをグビッとやれば、絶妙な味わいを愉しめるのである。

なお、通常は酸によってpH値が下がると腐敗菌が繁殖できなくなるが、ホンオ・フェの場合は、逆にアルカリが強すぎて腐敗菌の繁殖できるpH領域を超えてしまっている。じつはアルカリ領域で腐敗菌を抑えるのは危険なことでもある。日本の食品衛生法では、アンモニアが少しでも含まれていると発売停止処分となる。そのアンモニアをあえてどんどん発生させてつくるホンオ・フェは、まさに命がけの食べものなのである。実際に私がＮＨＫの番組『土曜特集』で取材に行ったとき、同行してくれたＮＨＫソウル支局の２人が、これを食べたあと入院してしまった。もし木浦へ行って食べるなら、事前に生命保険に入っておくことを、そして断じて食べている途中でおもしろ半分に深呼吸などしてはいけない。

いやはや恐れ入りました。とにかく、世界中の奇食珍食をあさってきた私だが、催涙性の食べものと出合ったのは、このホンオ・フェが初めてであった。ゆでた豚三枚肉と共にサラダ菜で包んで食べたほうが、強烈なくさみがうまみの一部と変わって食べやすくなる。参考まで。

【くさや】　くさい度数　★★★★★以上

くさい食べものは数あれど、くさいことがそのまま名前になってしまったのが、伊豆諸島名産の魚の干物「くさや」である。においがたいそうくさいので、「くさいや、くさいや」が転じて「くさや」になったといわれている。

くさやは私の大好物中の大好物で、くさやが手に入った日は枕にして寝たいほどの溺愛ぶりである。あの熟しきった妖艶なにおい、そして奥深い味わいには、一種の魔性が潜んでいて、私を容易にとりこにしてしまうのだ。いったいどのようなしくみで、あの絶妙なくさみが生まれるのか。まさに魅力的な女性と出会ったときのごとく、すべてを知りたくなる。

くさやの原料は、ムロアジ、クサヤムロ、マアジ、サバ、トビウオなどの青魚である。これらを鮮度のよいうちに腹開きにしてエラや内臓、血合いを除き、樽の中で2〜3回水洗いしたあと、漬け汁（発酵した海水）に数時間漬けてから簀子《すのこ》に並べ、日干しする。これを幾度となく繰り返して鼈甲《べっこう》色に仕上げていくのだが、その過程で独特の芳《かぐわ》しい風味が生まれるのである。ウナギの蒲焼きのタレと同じく、長年使い古された塩汁ほど良質の漬け汁とされる。

伊豆諸島の中でも、くさやの生産高の多くを占めるのが新島《にいじま》だが、以前そこにある老舗のくさやの加工所を訪ねたことがある。ご主人によれば、現在使っている漬け汁は、加工場ができた約350年前からずっと、減ったら新たに塩水を足して発酵させ、減ってはまた醸《かも》し、という作業を続けながら受け継がれてきたものだという。強いにおいのする茶色味を帯びた液をなめさせてもらうと、塩辛さがほとんどなく、濃厚なうまみの中に上品な甘味があって、切れ味も鋭い。魚の生ぐささはまったくなく、熟成した風格さえ感じさせるにおいだった。

くさやを焼くときの独特のにおいは、魚の干物特有の魚肉の焦げるにおいと、魚油の燃えるにおいに、不精香《ぶしょうか》（微生物、とりわけ細菌《バクテリア》の作用を受けることで生じるにおい）が混じって生まれる。その道に精通してみれば、たまらぬ芳香で、私の盃友はこの肴に目がないくせ者ぞろいだ。彼らとこれを肴に酒を酌み交わすときは、さしずめくさい仲ということになる。

くさやのこうした製法は、じつは島民の知恵から生み出されたものであった。

黒潮海流の流れる伊豆諸島の近海は青魚たちの好漁場で、干物づくりに適した砂地の干し場も広がっている。これを生かして、江戸時代にはすでに海水を利用し、上質の塩干し魚をつくっていたという。

ところが、干物づくりに欠かせない塩の入手が困難だった。というのも、この地方は幕府への貢納品として塩を納めていたが、取り立てが非常に厳しいために、自分たちが使う塩を十分に確保できなかったのだ。そこで苦肉の策として、半切りと呼ばれる底の浅い桶に海水を入れ、その海水に開いた青魚を浸して天日に干すという作業を繰り返すことで、塩を使わなくても、塩分のきいた塩干し魚を生産する方法を考案したのである。

そして、ここから思いがけない奇跡が起こった。魚を繰り返し漬け込んだ海水（漬け汁）を何度も使い回しているうちに、漬け汁が発酵して異様なにおいを放ち始めたのである。

本来なら食品としてあり得ないにおいだったが、その漬け汁をぺろりとなめてみると捨てがたいうまみがある。それもそのはず、開いた魚を何百匹と浸しているうちに、魚のうまみがその漬け汁の中に溶けだしているのだから、不味いはずがない。そこで試しに、このくさい汁に漬けて塩干しした魚を江戸へ送ったところ、食通の間でたいへんに珍重されるようになり、通常の塩干し魚と比較にならないほどの高値で取引されるようになったという。ここに名物のくさやが誕生したのである。

くさやの漬け汁の発酵に関わっているのは、コリネバクテリウムという一連のくさや菌で、そのほかに耐塩性の酵母がいる。あの強烈なにおいはそれらの菌の生産する酪酸や吉草酸、カプロン酸といった有機酸とそのエステル類である。

くさやの漬け汁は、医療が十分に整備されていなかった時代、新島では民間療法の素材としても大いに珍重された。汁の中には魚から溶け出たり、発酵菌が生産するビタミン類や必須アミノ酸が豊富なので、風邪や、体力が衰えたようなときの滋養に最適である。

切り傷や腫れものができたときも、その部位にくさやの漬け汁をぬると、不思議なことにほどなく解消する。これは実際に私も新島で経験した。ちょっとした切り傷に漬け汁をつけておいたら、まったく化膿しないで3日で治った。すごいもんだなと感心した次第である。最近になってそうした効果が注目され、科学的に検証されたところ、なんとくさやの漬け汁には天然の抗菌性物質が含まれていることが明らかになったという。

漬け汁の発酵には、何十種類という微生物が関与しているが、彼らは自分たちが生き残るために抗菌性物質をつくり、他の菌の増殖を防ぐ力が備わっている。そのため、切り傷などの外傷にそれを塗布すると、空気中から侵入する化膿菌の繁殖が抑えられて、傷の回復に役立つというわけである。

くさやが、それほど塩分を含まないのに、ふつうの干物より長期保存ができるのも、発酵菌の生み出した抗菌性物質がくさやの表面を覆って腐敗菌の増殖を抑えているからなのである。保存食としてもすぐれているのは、この理由によるものである。

　理屈はともかく、くさやは酒の肴にもってこいである。ビールに合うし、日本酒にも合う。しかし猛烈にくさい。でも、私の好物中の好物で、焼いてすぐの熱々のものを手でちぎりながら食べるのが、最もうまい。

　焼き方でうまさが大きく左右されるから、焼くときは油断大敵で、気を抜いてはならない。必ず皮のついている背側を先にさっと焼く。遠火の強火で、うっすらと焼き色がついたところでひっくり返し、内側のほうはほんのちょっぴりさくっと焼く。くれぐれも焼きすぎには注意しなければならない。くさやは干し魚の中でもきわめて洗練された乾燥状態にあり、ちょっとの強火でもうっかりしているとたちまち焦げつき、気づいたときには煎餅のようにパリパリになってしまうことがあるからだ。背側の表面が熱いうちにむしって喰うのが1等賞の味。余って冷めたものは、細切りにしてお茶漬けにすると、これがまたうまい。

　最近は消費者が馴染みやすい商品にするため、「新くさや」と称して、色の浅い、においの薄めのものが多く出回るようになった。私としては、あの黒光りしていた「本くさや」が求めにくくなったのは少々さびしい気がするが、くさや普及のためには致し方ない。

　また、クサヤムロを焼いてからくさや汁に浸し、ビン詰めにした「焼きくさや」も売られている。これは焼く手間も省け、そのうえ肉質がやわらかいので重宝だ。

　わが家では、自家製「くさや醬油」も重宝している。くさやを焼いて手でむしってよくほぐしたものを醤油に漬け込んでおくのである。これは市販のビン詰めの「焼きくさや」を利用すると便利である。1枚の半身の焼きくさやに対し、5合の醤油に漬けておくと、醤油の中にくさや特有の個性的においと奥深き味がじんわりじわじわとにじみ出てきて、くさやの性質を見事に引き継いだくさくてうまい醤油に変身する。その嬉しき哉、山のごとしである。

私はこれを納豆によくかける。すると、くさやのうまみである核酸系物質（主としてイノシン酸）が、納豆のうまみ（主としてグルタミン酸）と掛け合わさって、いわゆる味の相乗効果の関係が生じ、さらにそこに醤油のうまみまで後押ししてくれるものだから、じつにうまい納豆を愉しむことができる。これを炊き立ての白いごはんにさっとかければ、もうどうにも止まらなくなり、何杯でもおかわりできる。

くさや醤油は、ハクサイ漬けやタクアン漬けなどにかけても美味で、小分けして冷蔵庫に入れておくと、何ヵ月でも使えるので、好事家にはぜひおすすめの逸品である。

【グウェーデ】　くさい度数 ★★★★

アフリカにもくさやのように猛烈にくさい魚の発酵食品がある。西アフリカのセネガルやモーリタニアで食べられている「グウェーデ」がそれだ。

グウェーデの原料は、ウツボ科やタイ科、ボラ科の魚で、そのつくり方がくさやにとてもよく似ている。まずウロコや内臓、頭を取り除き、切り身にした魚を桶に入れる。暑い日は発酵が進みすぎないように桶の中に海水を注ぎながら、2～3日発酵させる。その後、天日で4～10日間乾燥させると、30～50％の水分を含むやわらかな干し魚になるという。

地元では保存食として重宝され、煮ものなどに使うが、その味とにおいは相当なものである。

【プラホック】　くさい度数　★★★★

カンボジアにトンレサップ湖という東南アジアで最大の湖がある。そこで獲れる淡水魚に塩を加えて発酵させたものがプラホックで、カンボジア特産の塩辛である。

湖で獲った淡水魚を干し、水と塩（30％）を加えて漬けたものと、生の淡水魚を叩きつぶしてペースト状にしてから塩漬けしたものもある。いずれも3ヵ月から5ヵ月発酵させればできあがりだ。カンボジア料理には欠かせない天然発酵調味料で、家庭でも食堂でも必ずといっていいほど使われている。

魚が原料であり、塩で発酵・熟成させているので、くさや系統の、強烈な魚醤《ぎょしょう》のにおいがする。塩に耐性のある乳酸菌や酪酸菌系などの発酵菌が、独特のにおいをつくり出すのである。ところが、このくさいプラホックを炒めものにしたり、鍋にしたりすると、食欲を掻き立てる、じつに官能的なにおいに変身し、さしずめ醜女《しこめ》が美女に変わるがごとく、豊かな香りをもつ芳醇《ほうじゅん》な料理になるのである。

このように調理法によって、強烈にくさいにおいが、鼻をくすぐる芳《かぐわ》しいにおいに変化することは、発酵食品ではしばしばみられ、まさに発酵はマジックなのである。

現地の人たちにとっては重要な特産品で、私が訪れたとき、湖の周辺に住む人たちは自分たちのつくったプラホックを、水田地帯に住む人たちのところへもって行って米と交換するといっていた。そのくらい価値のあるものなのである。

【シダル】　くさい度数　★★★

シダルは、インド北東部に位置するアッサム地方でつくられている魚の発酵食品で、その発酵の仕方が非常におもしろいのである。

新鮮な淡水魚の内臓を取り除き、天日で半生状態に乾かしてから、足で踏んで平べったくつぶしていく。それを竹筒（またはヒョウタン）の容器に入れて、その容器の口をふさぐのであるが、このふさぎ方がすばらしく、草木を燃やした灰で覆うのである。なぜ灰で覆うのかというと、灰には強い殺菌作用があるため、それで口をふさぐことによって雑菌や腐敗菌による汚染を防ぐことができるという見事な知恵である。

容器の口を灰で覆ったら、炉の上の棚のような暖かい場所に置いて、そのまま1ヵ月ほど発酵させればできあがりだ。1年くらいは保存が可能だという。

インドだけに、カレー料理の風味づけに少量入れたり、バナナの葉で包んで熱い灰の中で焼き、塩とトウガラシで調味して食べることもあるようだ。また、トウガラシと一緒に煮てソースにするときは、灰を水で溶いてアルカリ水を混ぜて煮るという。

暑い地域でも、灰と発酵のしくみを上手に利用することで、保存し、魚を貴重なたんぱく源として活用しているところに感心した。

【ニャ・ソーデ】　くさい度数　★★★★

インドのアッサム地方と隣接するブータン王国には、その名もずばり「腐った魚」という発酵食品がある。「ニャ・ソーデ」と呼ばれる発酵魚で、ニャは「魚」を、ソーデは「腐ったもの」を意味する。

もちろん、正確には発酵しているのであって、腐っているわけではないから食べても大丈夫なのだが、腐っているとしか思えないような壮絶なにおいがする。

原料は、ブータン南部で捕れる淡水魚（主にコイ類）で、これをゆでて骨を取り、魚肉だけを竹筒に入れて木の皮で栓をし、さらに外蓋としてその上からバナナの葉をかぶせる。そのまま数ヵ月間置いておくと発酵して猛烈なにおいが発生し始める。

その、くさいくさいニャ・ソーデを、団子のようにまるめて酒の肴にしたり、煮もの料理の風味づけに使っている。

【ジャーディ】　くさい度数　★★★

インドの南にある美しい島国・スリランカにも、くさい発酵魚がある。それが「ジャーディ」である。ジャーディは、大型魚セアーを原料につくる発酵食品である。

セアーの切り身に、塩と少量のサフラン、そしてタマリンドという酸味のあるマメ科の果実を加え、温かい場所に置いておく。すると3週間ほどで発酵が進み、これもまた強烈なにおいを発する。

スリランカでもカレー料理がよく食べられているが、ジャーディを焼いたり煮たり揚げたりしたものが、そのカレー料理の具にも使われる。ジャーディを貯蔵中に虫がわいても、とくに気にせずに虫ごと加熱調理して食べてしまうという話を聞いた。なんともダイナミックな食べ方である。

【キスラヤ・ルイバ】　くさい度数　★★★

寒い地域の人たちも、くさい魚の発酵食品を食べている。北シベリア地方の特産品である「キスラヤ・ルイバ」はその代表である。キスラヤ・ルイバというのは、ロシア語で「酸っぱい魚」を意味する。秋に獲れた魚を土に掘った穴の中に埋めて発酵を促し、保存食として利用されている。発酵が進むにつれて強烈なにおいが生み出されるとともに、酸味が強くなるのである。

魚を入れる穴は、しっかりした構造でつくられる。縦・横・深さ各1メートルほどに掘り、壁面と床は樹皮で張りつめる。そして穴の上に棒を何本も渡して蓋代わりにし、その上に草を厚めにかぶせて、その中央部分に魚が1匹入るくらいの穴を開けておき、そこから魚を落としていく。穴の中に魚が満杯になったら粘土で封をし、木の枝や葉で覆って、その上にさらに丸太を渡して、その両端を二股の木の枝で地面に打ち込んでおく。なぜここまで厳重にするかというと、野犬やキツネ、オオカミなどに掘り返されないようにするためである。

そのまま発酵させて、冬期の大切なたんぱく源として活用する。人間はもちろん、シベリアでの生活に欠かせない犬のエサにもなる。

【熟鮓《なれずし》】　くさい度数　★★★★

猛烈にくさくてうまい伝統食としては、熟鮓もその代表である。

熟鮓は、主に炊いたごはんに塩漬けした魚介を混ぜて重石をのせ、乳酸菌を主体とした微生物で長期間発酵させた漬物である。漬け込んでいる間に乳酸菌が乳酸をどんどん生み出して魚とごはんのpH（水素イオン指数）を下げていく。それにより、雑菌の繁殖が抑えられるとともに、魚のたんぱく質がアミノ酸に変わってうまみを醸成する。そして、発酵の初期から中期にかけ強烈なくさみが出てくるというしくみだ。このように微生物を使ってつくるすしは「鮨」ではなく「鮓」と書き、これがすしの原形と考えられている。

もともと熟鮓は中国南部の雲南省西双版納《シーサンパンナ》や、東南アジアのメコン川流域（ベトナム、ラオス、タイ、ミャンマー、カンボジアなど）が起源で、その歴史は非常に古い。紀元前2世紀頃に編纂された中国の文献『爾雅《じが》』の中に、「鮓《さ》」は魚の塩蔵品、「鮨《し》」は魚の塩辛、「醢《かい》」は肉の塩辛で、材料にはコイやソウギョ、ナマズなどの川魚、シカ、ウサギ、野鳥などの肉が使われていたことを示す記述が出てくる。つまり、すしの元祖は魚や肉の漬物とみてよく、今日のすしのイメージとは大いに異なるものだった。

起源とされる地域では、現在でも熟鮓がよく食べられている。以前、雲南省やミャンマーを訪れたとき、じつに多種多様な熟鮓に出合った。魚類では淡水魚（コイ、フナ、ナマズ、ソウギョ、レンギョなど）の熟鮓が多く、牛肉や豚肉の熟鮓の豊かさにも驚かされた。日本では熟鮓といえば原料は主に魚介だが、東南アジアや中国の少数民族の間では、感心するほど豚や牛といった肉の熟鮓を広範囲にもっている。広西省の大傜山《ダーヤオシャン》周辺に住むヤオ族は、野鳥や野獣（クマ、シカ、サル、イノシシ、ウサギなど）、カエル、トカゲなどの肉も熟鮓の原料としていた（→124頁）。このほか、茶の熟鮓、トウガラシの熟鮓、野菜の熟鮓など植物系のものをつくっている少数民族もいた。

日本にも縄文時代にはすでに熟鮓がつくられていたともいわれている。とくに日本海沿岸の地域でサバ、マス、サケなどを原料とした熟鮓が盛んにつくられてきたのは、遺跡の発掘でもわかっている。

熟鮓はきわめて保存性が高く、数十年ものの熟鮓というのも国内外に存在する。冷蔵庫などなかった時代、魚介をはじめとする動物性食品の保存にとても重宝された。やがて長い年月の中で、「重石で圧す」という日本特有の漬物スタイルとなり、単なる保存食品ではなく、その香味を愉しむ食品として発展してきた。

最近は、発酵過程で微生物が多量に生み出すビタミン群や、発酵を促す乳酸菌そのものの保健効果も注目されている。ビタミンは、私たちが生きるうえで欠かせない栄養素であり、乳酸菌は整腸効果が期待できる。こうした熟鮓の滋養効果は、地元では古くから経験的に知られていることが、私たちのアンケート調査で明らかになっている。これについては後であらためて紹介する（↓38頁）。

いずれにしても、日本の食卓に熟鮓が加わったことは、おかずが1品増えただけでなく、さまざまな面で恩恵をもたらしてくれたのである。日本では、近江（滋賀県）のフナ鮓（↓36頁）や紀州（和歌山県）のサンマの熟鮓（↓41頁）が代表的だが、このような熟鮓文化が、今日、少しずつ消えていきつつあるのはまことにさびしいことである。

【フナ(鮒)鮓】　くさい度数　★★★★★

日本の熟鮓の代表は、滋賀県の特産品「フナ鮓」だ。琵琶湖に生息する固有種ニゴロブナ（煮頃鮒）を原料につくられる逸品で、日本に現存する熟鮓の中で最も古い形態を残していると考えられている。

原料のニゴロブナは子もちのものが特に珍重され、4〜6月の産卵期、卵を産み付けるために接岸したところを捕獲し、時間と手間ひまかけてフナ鮓にしていく。つくり方は業者や家庭によって異なるが、その工程はおおよそ次のようなものである。

ニゴロブナをきれいに洗い、うろこをていねいに剝《は》がしてエラを取り去ったあと、卵巣以外の内臓を抜き、腹に塩を詰め込んで一度塩漬けする。このまま7月の土用まで置いたら、塩抜きして陰干しし、本漬けにとりかかる。桶の底に硬めに炊いた飯を敷き、飯とフナを交互に漬け込んでいって重石をのせ、翌日、桶に塩水を張る。これは塩分で腐敗を防ぐとともに、張り水で空気を遮断し、乳酸菌の発酵を促すためである。乳酸菌の発酵が進むにつれて乳酸が増え、pH（水素イオン濃度）が下がって防腐効果が高まるとともに、魚のたんぱく質の一部がアミノ酸に変わってうまみを増す。

正月頃にちょうど食べ頃となるが、桶から出してきて薄く切ると、フナの肉の下から黄金色に輝く卵巣が現れ、私などはその切り身の美しさを目にしただけで鼻は蠢《うごめ》き、よだれたらたらである。たまらず口に含むと、しこしこ噛むほどに奥深い味が口の中に広がって、日本人である喜びに浸るのだ。

ただし、この黄金色に輝く切り身がじつに醸《か》ぐわしきくさみをもっている。桶の蓋を開けた瞬間から、もう、そのにおいが飛散してきて、くさいもの好きの私としては鼻のほうまで嬉しくなってしまうのである。フナ鮓の強烈なにおいの本体は、大半が揮発性の有機酸類（酢酸、プロピオン酸、酪酸、吉草酸、カプロン酸、カプリル酸など）で、これらは微量でも強烈なくさみを発するクセモノたちなのだ。このにおいでフナ鮓を敬遠する人も多いが、あのくさみは発酵文化の原点のにおい、好事家、食通の憧れのくさみ、日本の伝統的食文化の偉大なるくさみなのである。平安時代には宮廷へ献上されていた記録が残っており、当時から珍重されたことがうかがえる。

そのままごはんのおかずにしてもうまいが、お茶漬けにするとこれがまた絶品である。お茶漬けにするときは、炊き立てのごはんに薄く切ったフナ鮓を3～4枚のせ、辛子とネギのみじん切りを薬味に添えて、熱い煎茶をかけて食べる。すると、強烈なクセのあるにおいは、しっぽりと湿った艶のあるにおいへと変貌し、味は、鮓の酸味と飯の甘味が互いに融合し合って絡みつき、「辛抱たまらん」といった具合になる。

このほか、薄く切ったフナ鮓を椀に入れて湯を注いで吸いものにしたり、ヒレの部分を酒に入れて「ヒレ酒」にして飲むのも酒好きにはおすすめである。

私の場合は、やはり酒の肴として食べることが多い。たとえば、今津の浜で琵琶湖を眺めながら、土地の名酒『琵琶の長寿』のぬる燗を一杯やり、フナ鮓に舌鼓を打つ。すると、『琵琶の長寿』から立ち上ってくるフルーティーな吟香と、フナ鮓から舞い上がってくる牧歌的なくささ、これがまた絶妙なコントラストで私の心を揺さぶるのである。そのあまりにも長閑《のどか》な情緒に、涙がとめどなくあふれ出てくることもある。ああ、いけない。湿っぽい話になってしまった。

ところで、フナ鮓にはさまざまな健康効果も期待されている。以前、私が所長を務める（財）日本発酵機構余呉《よご》研究所が、滋賀県の琵琶湖周辺に住む人たちに、「長年、フナ鮓を食べてきて何か保健的効果はありましたか？」と尋ねる調査を行ったところ、予想を超える回答が続々と寄せられた。

一番多かったのは「お通じがよくなる」で、2番目は「下痢が止まる」という回答だった。つまり、フナ鮓は「出す」と「止める」という、相反する症状にいい影響が出ているということだ。これは乳酸菌による整腸作用と考えられる。便秘や下痢に対して乳酸菌製剤が効果的に働くことはよく知られているが、フナ鮓の発酵も主体は乳酸菌なので、それが功を奏した結果だろう。

3番目は「疲れた胃がすっきりする」、4番目は「疲労回復」、そして5番目に「風邪に効く」と続いた。この5番目の「風邪に効く」という回答には、食べ方などに関する次のような共通した記述があった。「フナ鮓を丼に入れて熱湯をかけ、熱々のうちにフーフーと息を吹きかけながら飲む。そうすると猛烈な発汗が起こるので、そのまま頭から布団をすっぽりかぶって寝ると、さらにどんどん汗をかく。適宜、タオルで汗をふきながら寝ていれば、翌日にはすっかり元気になっている」。確かにフナ鮓に熱湯を注いでお吸いものにして飲むと汗がたくさん出てくる。これは私自身、何度も経験しているので、風邪をひいたときに試してみるとよい。

このほか、女性から「産後の母乳の出がよくなった」という回答があったり、男性からは「事に当たる3日前からフナ鮓を朝晩食べると必ず子どもが授かる」との回答も寄せられた。

いずれにしても、うまいものを食べて体が元気になるなら、こんないいことはない。次に述べるサバ鮓についてもほぼ同様の結果が得られている。

滋賀県内ではニゴロブナだけでなく、アユ、ドジョウ、イサザ、コイ、モロコ、ナマズ、オイカワ、ウグイなどの熟鮓もまれにあって、神事に熟鮓を供する神社も数多い。日本最大の湖である琵琶湖を背景に、近江は歴史的に熟鮓文化が奥深く根づいているところなのである。

【サバ（鯖）の熟鮓】

くさい度数　★★★★★以上

サバの熟鮓は、塩サバと麹《こうじ》と米飯を混ぜてつくる発酵食品で、日本海沿岸の熟鮓の代表である。保存のきく貴重なたんぱく源として、漁獲量の多い北陸を中心に各家庭でつくられてきた。そのまま食べてもうまいが、軽く炙《あぶ》って食べるとにおいがやわらぎ、食べやすくなる。

北陸においてサバの熟鮓は特別な食品で、生ぐさいものを嫌う寺院でも、斎《とき》として熟鮓を食してきた。富山県南砺《なんと》市にある城端別院善徳寺《じょうはなべついんぜんとくじ》と井波別院瑞泉寺《いなみべついんずいせんじ》では、現在も毎年7月に行われる仏事の際に参詣者にサバの熟鮓が供されている。

いずれも5月下旬頃、サバに塩を加えて飯の層で挟むようにして、何層も重ねて漬け込んでいく。井波別院瑞泉寺の「太子伝会《たいしでんえ》」では、サバ1500匹に対して塩40キロ、米飯90キロ、米麹30キロ、サンショウの葉、トウガラシ、日本酒少々を原料とし、四斗樽の熟鮓を13樽用いて仕込みを行っているという。一方、城端別院善徳寺の「虫干法会《むしぼしほうえ》」では、米と塩、サンショウの葉だけで漬けられる。こちらも毎年700食分のサバが用意されるというからすごい。

およそ2ヵ月間じっくり発酵させたそのサバの熟鮓の味は濃厚で、熟れた発酵臭がじつにすばらしい。

なおサバの熟鮓には、くさみの穏やかなものと、「本熟《ほんなれ》」または「腐れ鮓」と呼ぶような強烈なくささをもつものとをつくり分けているのもおもしろい。このサバの腐れ鮓の方は、激烈なくさみを有している。この強烈な鮓はサンマでもつくるので、それは後述する。

【カブラ鮓】 くさい度数 ★

日本海沿岸には、カブラ鮓という熟鮓もある。これは石川県の郷土料理で、冬の金沢でこの熟鮓を口にすると、生涯とりこになってしまうといわれるほどのうまさと、ほのかに香る妖艶なにおいが魅力の漬物である。

薄く輪切りにしたカブに、薄くスライスした寒ブリを挟み、塩と麹とコンブで漬け込んで、冬の厳しい寒さの中、40日ほどじっくり発酵・熟成させてつくられる。

麹とカブの甘味、ブリの塩味と濃厚なうまみ、発酵によるわずかな酸味がうまく調和し合って、すばらしい香味を堪能《たんのう》できる。見た目はカブの漬物のようだが、食べるとブリの存在感がぐっと迫ってきて、ブリとカブの確かな食感がまたたまらない。発酵のすばらしさが全体に染み込んでいる逸品である。

【くされ鮓、本熟鮓】

くさい度数　★★★★★以上

太平洋岸では、和歌山県新宮《しんぐう》市や有田《ありだ》郡、海草《かいそう》郡一帯に熟鮓文化が古くから根づいている。こちらは日本海沿岸とは別の、黒潮海流に乗ってもたらされたものとされ、「くされ鮓」とも呼ばれている。なぜなら、本当にくさっているかのような強烈なにおいがするからだ。

サンマやサバ、アユ、ハヤなどの魚に塩をたっぷり加えて、1ヵ月から1年漬け込み、水に1日さらして塩抜きしたあと、炊いた飯を棒状にまるめて魚のおなかに詰め、樽に隙間なく並べて重石で圧《へ》して発酵させる。夏場なら2週間程度、冬場なら1ヵ月ほどで漬けあがる。

くされ鮓の話が出ると、私の頭にすぐ浮かぶのは、和歌山県新宮市にある東宝茶屋という老舗料亭で食べたサンマの熟鮓だ。ここのご主人は紀州熟鮓の名人で、毎年、サンマの熟鮓を大きな壺に仕込んで蔵の中に寝かせているが、その中で最も古い30年ものの「本熟《ほんなれ》」をご馳走になったことがある。

30年間発酵・熟成された本熟は、すでにサンマや飯が形を残さずにドロドロの粥《かゆ》状に溶けていて、ぶよぶよとしたヨーグルトのような状態になっている。においも強烈だが、もはやそんなことはどうでもいいくらい、その白身がかった琥珀《こはく》色の奇跡の発酵食品に感動を覚えた。初めて食べたとき、私は熟鮓の技術の精華をみる思いがしたものであった。トウガラシをふった醬油に少量つけて食べたのだが、思わず「日本食文化万歳！」と叫んでしまったほどである。

ちなみに、この地方には本熟鮓とは別に、早熟鮓もある。サンマを開いて塩をふり、1時間以上おいてから酢で30分ほど締め、腹側におろしショウガを塗って酢飯をのせ、専用の箱に入れて2日ほど圧してつくるのが、早熟鮓だ。

紀州沖に南下してくるサンマは、産卵を終えたあとの脂気のないやせたサンマで、焼いて食べてもパサパサしていてうまみもない。ところが、早熟鮓にすると、むしろその淡白さが生きて、じつにうまい食べものに変身する。

【ハタハタ（鰰）鮓】　くさい度数★

私の大好物のくさみは少ない熟鮓として、秋田県のハタハタ鮓も挙げておきたい。ハタハタ（鱩）は体長20センチほどの魚である。秋田では11月下旬から12月にかけて男鹿《おが》半島付近に押しよせるハタハタを使ってつくる熟鮓が、正月に欠かせない郷土料理となっている。

ハタハタの頭、尾、内臓（卵巣は残す）を取り除き、四つ切りにして1日数回水を取り替えながら、赤い汁が出なくなるまで3日ほど続けて水洗いし、水気を切って1日酢に漬けておく。翌日、樽にハタハタ、麹《こうじ》と塩を加えた飯、野菜類（千切りにしたニンジン、カブなど）、コンブ、ユズを重ねて漬け込んでいき、重石をして2〜3週間発酵させてから食べるのだが、これがまた非常にうまい。腹に卵巣（ぶりこ）を抱えたメスがとくに珍重されるようだが、小型のオスも十分にうまい。

シコシコとした歯ごたえが心地よく、噛むごとにハタハタの身から濃いが上品なうまみが出てきて、そこに米麹のほのかな甘味も加わり、食べ始めると「もう1匹、もう1匹」と、止まらなくなってしまうのである。くさみはかなり弱い、上品な鮓である。

【魚卵の熟鮓】　くさい度数★

滋賀県の余呉《よご》町では、魚卵の熟鮓を賞味する幸運にも恵まれた。これがまた、まったくもってすばらしいものだった。ゲンゴロウブナやニゴロブナ、コイなどの卵巣を取り出し、その卵巣だけで熟鮓をつくるのである。

黄金色の大きな卵巣（横幅15センチ、厚さ3センチ級）をまず塩漬けし、その後、飯と卵巣を交互に桶の底から漬け込んでいき、重石をのせて半年から2年くらい置き、発酵させる。

卵巣の形を崩さずに、色をより鮮やかに仕上げ、さらにはもともと豊満な味の卵巣を、発酵によってもっと威厳のある王者の味に育てる——これこそが職人技である。誰もが簡単につくれるわけではないのである。私が余呉町で賞味した魚卵の熟鮓は、そこをすべてクリアしていた。

おすすめの味わい方は2つ。ひとつは、難しいことは考えず、熱燗の純米酒をちびりちびりやりながら、その風格のある荘厳な深い味わいを愉しむこと。2つめは、熱々のごはんの上に気前よく黄金色の発酵卵巣をたっぷりのせて、白湯を注いでかき込むことだ。お茶漬けではなく、白湯でお湯漬けにするのがミソである。初めてこれを口にしたとき、私は感動のあまり涙が出るほどで、つくり手の心意気が、感動ものとなって舌に伝わってきたのだ。真のぜいたくとは、こうしたものをいうのである。

【パー・ソム】　くさい度数 ★★★★★

東南アジアも熟鮓の宝庫である。地域によってそれぞれ異なった熟鮓文化が構築されてきた。まずタイから見ていこう。

タイの熟鮓は4つのタイプに大別できる。魚を原形のまま米飯と漬けた「パー・ソム」、魚や獣肉を切り刻んで肉を米飯で漬けたのが「パー・マム」、魚を麹《こうじ》で漬け込んだのが「パー・チャオ」、塩辛タイプのものが「パー・チャム」である。

このうち、東北タイでつくられているパー・ソムは、タイ語で「酸っぱい魚」を意味し、これも例にもれず、鼻が曲がるほどくさい食品である。原料は日本のフナによく似た淡水魚のパー・ソイで、このパー・ソイの頭と内臓を取り除き、炊いたもち米、塩、ニンニク、砂糖を混ぜて発酵・熟成させ、5日ほど置けばできあがりである。密閉しておけば50日間は保存できるという。

もともと、トウガラシやニンニクなどの薬味をつけて生で食べていたが、現在は衛生上の理由から、油で揚げたり炒めたりして加熱してから食べることが多いようだ。

しょっぱくて、酸っぱくて、猛烈にくさくて、だけどうまい。そんな熟鮓に共通した香味をもつパー・ソムは、主食のもち米ごはんのおかずとして食べられている。

【プララ】　くさい度数　★★★

タイの内陸部で、プドーという川魚を原料につくられている漬物が「プララ」である。プラジョム、プラソムとも呼ばれることもある。

プドーは見た目がナマズのような魚で、それを三枚におろしたものを、煎《い》り、搗《つ》いて粉砕した米と、10％ほどの塩で1～2カ月漬け込む。

漬け上がったプララはほどよい酸味があり、それを水洗いして野菜や香辛料と一緒にココナッツミルクで煮たのが、プラドンという高級な煮込み料理である。

【マム・チュア】　くさい度数　★★★

ベトナムでも、メコン川の恵みの淡水魚でさまざまな熟鮓がつくられている。私が以前、ラオスとの国境に近いソンラという町からさらに数十キロ入った小さな村で出合ったのが、「マム・チュア」であった。マム・チュアはベトナムで最も一般的な熟鮓で、私がその村で目にしたのは次のようなつくり方をしていた。

淡水魚の頭と内臓を取り去り、塩を加えて容器の中に8時間ほど入れておく。その間に、米をフライパンで褐色になるまで煎《い》り、それを挽《ひ》いて煎米粉をつくる。8時間ほど経ったら、容器の中から魚を取り出し、魚体から浸出した液体は容器の中に残したまま、魚だけ仕込み用のかめに移し、煎米粉、トウガラシの粉、塩を加え、そこに魚の浸出液とメコンウィスキー（米焼酎）を注ぎ入れ、最後にかめを石灰で密封して1週間ほど発酵させるとできあがりだ。

かめから出してもらったマム・チュアは、熟鮓というよりは塩辛のようだった。においも強烈で、魚はドロドロに溶けていて、ほとんど原形をとどめていない。

ところが、これをごはんと一緒に食べると、思わずうーんと唸《うな》ってしまうほどうまい。口の中に広がる奥の深いダイナミックなうまみは、熟鮓の真骨頂である。くさいにおいさえ、食欲をそそる要素になってしまうのだ。ベトナム製の大きなお茶碗で、ごはんを何杯もおかわりしてしまったのだった。

【マム・トム・チュア】　くさい度数　★★

ベトナムの熟鮓の中でもうひとつ、南シナ海に面したバンランという町で食べたエビの熟鮓「マム・トム・チュア」も、くさくてうまかった。

体長5センチにも満たないくらいのエビを塩水で洗って、頭を切り取り、メコンウィスキーをふりかけてから、たっぷりの塩と一緒にかめに入れる。そこに、炊いたもち米、ニンニク、トウガラシの粉などを加えて蓋をし、重石をのせて発酵させると、5日後には食べられるようになる。

発酵してエビはドロドロに溶けているが、ちょっとなめてみると酸味と辛味が効いていて、エビ特有の上品な甘味とうまみもしっかりある。これを粥《かゆ》の上にのせて食べたところ、いやはやこちらも文句なしの絶品で、じつにうまかった。今でも思い出すだけでも鼻が蠢《うごめ》き、よだれがわき出てくる始末だ。

【ファーク】　くさい度数　★★★

カンボジアでは、熟鮓のことを「ファーク」という。

ファークの原料はもっぱら淡水魚で、頭・内臓・ウロコを取り去り、切り身にしたあと、塩（魚に対して約30％）を加えてかめの中に仕込み、蓋をして1～2ヵ月置く。その後、魚を取り出して、蒸したもち米と麹《こうじ》を加えた漬け床に交互に漬けたら、内蓋を落として重石をし、発酵・熟成させる。珍しい二度発酵の熟鮓である。

そのまま2ヵ月ほど置いておくと食べられるようになる。生で食べる場合もあるようだが、蒸して食べるのが基本である。とてもくさい。

ファークの原料としては、エビ、カニ、ナマズ、ライギョなどが使われることもある。

【チンチャーロ、プカサム】　くさい度数　★★

チンチャーロは、マレーシアでよく食べられている小エビの熟鮓である。

原料の小エビに、塩（小エビに対して約10％）と、うるち米の飯（小エビに対して約10％）を混ぜ、そこに紅麹を少量加えてかめに入れ、蓋をして15日置いておけばできあがりである。紅麹を入れるのは色づけするためで、紅麹を入れないでつくる場合もある。タマネギやレタス、トウガラシなどを刻んで混ぜ合わせたものに、このチンチャーロをかけて食べることが多いようである。

マレーシアではもうひとつ、「プカサム」という淡水魚の熟鮓も有名だ。こちらはまず、原料の淡水魚を塩水に漬けて一晩置いたものを水切りする。そして、塩20％、煎米粉5％、さらにタマリンド（酸味のあるマメ科の果実）を少量混ぜ合わせた漬け床に、その水切りした淡水魚を漬けて発酵・熟成させる。3～5週間くらいで食べられる。くさみは穏やかであるが、漬け方や漬ける日数でくさみには大きく差異がある。

【ンガチンヂン】　くさい度数　★★

名前を聞いただけで胸がわくわくする熟鮓がある。それがミャンマーのンガチンヂンである。

日本語では、「ン」から始まる言葉がなく、尻取りゲームで最後に「ン」がついた言葉をいうと負けになるが、ミャンマーならこの熟鮓があるから大丈夫だ。

ンガチンヂンは、特定の熟鮓の名称ではなく、いろいろな淡水魚を塩と米飯で発酵させた熟鮓を葉で固く包み、ヒモでぐるぐる巻きに縛った携帯食の総称である。最近は熟鮓そのものを葉で包むことはなく、酢で締めた魚と酢飯を混ぜたものを葉に包んでいるものが主だという。

ミャンマーのマンダレー市へ行ったとき、この携帯食をつくっている現場を見学したが、そこで使っている魚はナマズと川エビで、1週間くらい日もちがするということであった。発酵期間が短いのでくさみはそう強いものではない。

【シッケ】　くさい度数　★★

朝鮮半島にも、歴史と伝統に培われたすばらしい熟鮓文化がある。李朝時代に「食醢」または「食醢」と表記されていたことは知られているが、実際の熟鮓の歴史はさらに古いと考えられている。

現在、朝鮮半島では熟鮓のことを「シッケ」と呼び、スケトウダラやイシモチ、カレイ、ハタハタ、イワシ、イカといった海産物を原料に生産されている。生の魚だけでなく、天日に干して乾燥させた魚を使う場合もあるところがひとつの特徴だ。

生の魚を使う熟鮓としては、スケトウダラのシッケが代表的である。スケトウダラのシッケは、洗って水切りしたスケトウダラを切り分け、一晩置いて翌日もう一度洗い、水を切ってから、炊いたアワ（粟）とトウガラシの粉、塩とよく合わせてかめに仕込む。その上に中蓋を落として空気が入らないようにし、上がってくる汁をすくいとりながら発酵・熟成させる。

カレイのシッケ（カジャミ・シッケ）は、カレイを骨がついたままぶつ切りにして塩をし、炊いたアワ、トウガラシ、千切りダイコンなどとともにかめに漬け込んでつくる。

これらの熟鮓とは別に、天日干しした魚を使うのが、ハタハタのシッケである。ハタハタのシッケは、乾燥させたハタハタに、炊いたアワ（またはもち米）を乾かしてから混ぜ合わせ、トウガラシで味付けしてから塩で漬け込む。また、イワシのシッケも同様に、頭を取り去ったものを天日干しし、干した米飯と混ぜ合わせてからトウガラシやニンニク、ショウガ、ネギなどの香辛料と共に塩で漬け込む。

タチウオを使ったチャンジュ・シッケという熟鮓もある。これはタチウオを天日で干し、それを炊いた米飯と麦芽、塩、トウガラシ、ニンニクを混ぜた漬け床に漬け込む。このとき、蓋をしっかりはめ込んで、かめを上下逆さにして発酵させると、汁が流れ出てきて魚肉が締まり、うまいシッケができあがる。

長い歴史の中で、どの魚をどのような方法で漬けると最もおいしいシッケに仕上がるのか、しっかり吟味され尽くされているのである。いずれのシッケも、ニンニクのにおいの方が発酵臭より強い感があるが、中には強烈なくさみをもったものもある。

【コイ（鯉）の熟鮓】　くさい度数　★★★

熟鮓はどれもすべてくさいが、もはやにおいのことなど忘れてしまうほど神々《こうごう》しい熟鮓と出合ったことがある。場所は中国の広西壮族《カンシーチワン》自治区の程陽村。ここの村長さんの家で、漬け込んでからなんと40年目のコイの熟鮓をご馳走になったのである。

日本の熟鮓は、たいてい漬け込んでから半年くらいで食べるが、中国では数年熟成させてから食べることが多い。しかし、40年ものの熟鮓というのは、いかに中国広しといえども、そうお目にかかれるシロモノではない。

なぜ40年も置いてあったかというと、この地域では長男が誕生するとコイの熟鮓を大きなかめに何十匹も漬け込んで保存し、成人式や結婚式といった人生の節目に、人を招いてふるまうのが習わしだという。私が訪ねたとき、村長さんの長男がちょうど40歳を迎えたところで、日本からの珍客に貴重なその熟鮓をご馳走してくれたのである。いやはや恐縮のきわみであった。

悠久の熟鮓とは果たしてどのような味なのかが気になっていたが、食べる前に仰天したのは、40年前のコイが姿を崩すことなく、立派な面構えで皿にデンと横たわっていたことである。発酵食品というのは保存が効くのが特徴だが、よもや40年もこの姿でかめの底でじっと過ごしていたのかと思うと、自然に手を合わせたくなるような気分になったのであった。

その身は包丁で切り分けるのに苦労するほど硬くなっていて、口に入れると硬質のチーズを食べているような感じだった。たいそう有り難いにおいと味であった。40年も熟成しているからか、くさみはあまりなく、とても濃厚なうまみがあった。

【メフン】　くさい度数 ★

魚介の塩辛も、くさいものが揃っている。

メフンは北海道の名産で、サケの腎臓の塩辛である。見た目は黒褐色でドロドロしており、ちょっとグロテスクでもある。しかも、血の塊の腎臓が原料だけに、鉄が錆びたようなクセのあるにおいを放っている。なにが嬉しくてこんなものを口にするのか、と思う人もあるだろう。

しかし、メフンを舌の上にのせると、とろけるような食感とうまみがじわっと口内に広がり、同時に独特の艶《なま》めかしいにおいが鼻腔を刺激して、すっかりそのとりこになってしまうのである。

食通の間では、塩辛製品の中で最上のものと位置付けされ、珍重されているほどだ。

私も酒の肴として大好物で、燗をした味の濃い純米酒あたりを、メフンを肴にちびりちびりとやるときは、つくづく日本人であることに感謝するのである。

初めてメフンの名を耳にする諸氏もあるかもしれない。メフンという名称は、アイヌ語に由来するとの説もあり、本州では「背腸《せわた》」または「血腸《ちわた》」という呼び方もあった。江戸時代中期に編纂された『本朝食鑑』という書物には「背腸、セワタと訓す、ミナワタとも訓す。丹後、信濃、越中、越後ともにこれを貢す。シオカラにして味もまた佳なり」と記されている。これを見ると、当時は本州の日本海沿岸で多くつくられていたと推測される。

原料魚としては、白サケや紅サケのほか、マスが使われることもあるが、白サケの産卵期の腎臓を使ったものが極上品とされる。

メフンのつくり方は、大方、次のようなものである。原料魚を腹開きにし、中骨に付着している黒褐色に凝固したひも状の腎臓を上手に外し取り、低温の希薄塩水で手早く洗って十分に水を切る。そして、メフンの重量に対して30%ほどの塩を加えて塩漬けにし、浸出液が流れやすい状態で30時間くらい置くと腎臓は固まってくる。それを静かに取り出して再び冷たい希薄塩水で洗って余分の残塩を除き、含有塩分量を12%ぐらいまで落としたあと、スダレの上に薄く並べて陰干しし、表面が固まって光沢が出てきたら、蓋のついた桶に入れて密封・貯蔵する。この間に静かに発酵が起こってくるので、最初のうちは1日1～2回攪拌《かくはん》し、発酵の均一化をはかる。すると、2週間ほどで深い味わいのメフンができあがる。やや塩辛っぽいくさみがあってそれが食欲を掻き立てる。

メフンと日本酒の相性を利用して、メフンに少量の日本酒を加えて溶くと、さらに絶品の肴となる。

【アユのうるか】　くさい度数 ★

アユのうるかは、アユの内臓を塩で漬けて熟成したものである。岐阜県の長良《なが ら》川や、九州の球《く》磨《ま》川、四国の四万十《しまんと》川をはじめ、全国各地の清流周辺でつくられている。

奈良時代の『播磨国風土記』にすでに記載があり、室町時代以降の文献にはよくその名が登場するが、当時も基本的にはアユの腸や内臓に25％ほどの塩を加えて漬け込み、熟れさせた塩辛であり、保存食として重宝されていたことがうかがえる。

特有の芳しいにおいがあり、コク味のある深い味わいは酒客を唸《うな》らせる。そこにはまさに調和のとれた「五味」がある。わずかに甘く、かなり苦く、いくぶん渋く、ちょっぴりしょっぱく、そしてすばらしいうまみがある。

厳密には部位によってそれぞれ呼び名が異なる。卵巣の塩辛は「子うるか」、白子の塩辛は「白うるか」、腸や内臓を十分に水洗いせずにつくった塩辛は「泥うるか」、腸や内臓をよく洗ってつくった塩辛は「苦うるか」、そして魚体を内臓ごと切り込んで塩辛にしたものが「切り込みうるか」である。このうち、大半を占めるのが、泥うるかと苦うるかだ。

うるかの品質は、アユの成長度合いや川の水質、獲れた場所・時期、さらには獲れた日の天候に大きく左右される。そのため、5～6月の晴天続きで川の水に濁りがない日に、きれいな川藻の生えている場所で獲れた若いアユが、最高級品とされる。とくに、アユは日中に食べた川藻に混じっていた土砂を夜中に吐き出す習性があるため、暁川（明け方の川）で捕まえた若アユの腸が一番良質とされる。うるかを「暁川」と書くことがあるのも、そうした理由による。粋な雅称である。

粋な味わい方として、日本酒に溶かして飲む「うるか酒」もよく知られている。

【がん漬け】 くさい度数 ★★

佐賀県には、有明海の干潟に住む小さなカニを原料とした塩辛がある。それが「がん漬け」である。カニ漬けが転訛して、がん漬けになったといわれ、現在も地域によってガニ漬けと呼ぶところもある。

有明海の干潟には、小さなカニがたくさん生息している。甲羅が3センチくらいのシオマネキはその代表だが、がん漬けは、これらのカニを甲羅がついたまま丸ごと搗《つ》き砕き、塩とトウガラシなどで漬け込んで、発酵・熟成させてつくる。かなり発酵臭が強く、くさみもなかなかのものである。

カニの濃い奥味と、塩やトウガラシの激しい辛味がよくなれ合って、食欲をそそる発酵臭も加わり、ごはんのおかずとしてもってこいだ。ひとなめで、何杯でもおかわりできてしまう。もちろん、酒のあてにも最高である。

甲羅を粗く砕いたタイプのものと、細かく砕いたタイプのものがあり、粗く砕いたものはガリガリとした食感も愉しい。細かく砕いたものや、それをさらに練り込んだものは、料理の隠し味として使うのもよい方法だ。たとえば、味噌汁の中へ入れると、俄然、風味がグレードアップする。刺身や握りずしを食べるときに醤油の代わりにのせたり、パスタやピザにアンチョビ代わりに使ってもうまい。有明海の豊かな滋味が凝縮された逸品である。

タイの北部にも、がん漬けと似たカニの塩辛がある。やや大きめの沢ガニを塩漬けにしてから発酵・熟成させた「プーケム」と呼ばれるものである。スープのダシに最適で、サラダの調味料としても人気が高いようだ。たとえば、細切りしたパパイヤに、ナン・プラー、レモンのしぼり汁などと共にプーケムをかけて食べたりされている。

【アミの塩辛】　くさい度数　★★

韓国の食文化の支柱を担うキムチをつくるうえで欠かせないのが、魚介の塩辛である。だから、韓国の海岸線には、何十軒、何百軒という塩辛屋が軒を連ねる「塩辛の町」があちこちに点在している。〝発酵仮面〟である私にとって、まさに天国に一番近い場所といって過言ではない。最寄り駅に到着し、おびただしい数の塩辛屋を遠目に望みながら、町中に漂う発酵臭を思いきり吸い込むと、このうえなく興奮してくるのである。

そうした塩辛の町のひとつである忠清南道《チュンチョンナムド》、洪城郡の廣川《クァンチョン》という地域を訪ねたことがある。ソウルから西南へ約230キロ行ったところだが、ここは昔からアミ（醬蝦）の塩辛の一大産地で、その量も質も韓国一といわれ、全国的に人気が高い。

アミというのは、海の表層を浮遊している体長わずか1〜2センチの、エビのような形をした甲殻類である。韓国ではこのアミの塩辛を「セウジョッ」と呼び、キムチに使用する代表的な塩辛としている。そのため、キムチの漬け込み時期になると、廣川は全国から塩辛を買いにくる人たちでごったがえす。普段は止まらない急行列車も、この時期だけは停車するという。

廣川の市場では、アミの塩辛は量り売りされていて、好みの塩辛を必要なぶんだけ購入できる。原料のアミの大きさや形で値段に差があり、肉厚で大きめ白桃色のものがそろっているアミの塩辛が高く、大きさがバラバラだったり、赤色や白色が混ざっているものは値段が安くなる。店頭に並べられた樽に入っているアミの塩辛を、私はこのときとばかりに大いに食べまくったが、じつにうまかった。

この地域では、アミの塩辛を小高い山に掘られた洞窟の中で熟成させている。もともと金の採掘のために掘られた穴らしいが、洞窟の中へ入ってみるといくつもの隧道《すいどう》が伸びていて、仕込まれた塩辛の入ったドラム缶が所せましと並んでいた。夏涼しく、冬は暖かい地下での貯蔵は、塩辛の発酵・熟成には最適で、まことにもって奥の深い知恵である。

アミの最盛期は春から秋で、収獲時期によって3種類に分類されている。陰暦5月に漁獲される小さめのアミでつくった「5《オ》のアミ塩辛（オジョッ）」は中級品で、陰暦6月に漁獲される肉厚で大きめのアミでつくった「6《ユック》のアミ塩辛（ユックジョッ）」は、塩分多めで貯蔵性も高い上級品だ。そして、秋に漁獲した小ぶりのアミでつくった「秋《チュ》のアミ塩辛（チュジョッ）」は、塩分抑えめで貯蔵性も低く、並級とされている。

韓国の人たちの塩辛に対する思い入れの深さを肌で感じた旅だった。

ちなみに、日本でも新潟県の阿賀野川の河口付近で、昔からアミの塩辛がつくられ、調味料として汎用されている。アミに30％の塩を加え、1ヵ月ほどかめに漬け込んだものだが、豆腐の上にチョンと載せたり、ダイコンのいちょう切りにのせたりして食べると、これがまた非常にうまいのである。

くさみは地域や原料、発酵期間によって異なるが、大概は重厚な発酵臭を伴ったくさみがある。

【セインザー・ガピ】　くさい度数　★★

ミャンマーの食卓に欠かせないのが、「セインザー・ガピ」というエビの塩辛である。エビのむき身を搗《つ》いてペースト状にし、塩を加えて発酵・熟成させたものだが、これを調味料として汎用している。日本の醤油のようなものだと思っていただければいい。

たとえば、野菜と鶏肉の炒めものをつくるとき、油をひいた鍋にまずエビの塩辛を入れ、よく溶かしてから材料を加えて炒める、といった使い方をしている。炒めものだけでなく、煮ものや鍋もの、カレーにも、何かといえばこのエビの塩辛を使う。

ミャンマーの旧首都ヤンゴンの北東にあるバゴーという町を訪れたときも、沿道にずらっと並んだマーケットの店頭に、エビの塩辛が山のようにてんこもりにして売られていたのだが、夕方の店じまいの頃にはすべて売り切れていた。そのくらい需要があるのだ。

だから、セインザー・ガピの製造元はお金がガッポガッポと入ってきて、ある日突然、街の一角に大豪邸が建ったりするという話を聞いた。昔日本でも北海道でニシンが大量に獲れた時代、ニシン御殿があちこちにできたように、ミャンマーではガピ（＝塩辛）御殿があるのだ。そう強いくささはないが、発酵臭が鼻をつくときがある。

【へしこ】　くさい度数　★★

くさい魚では、糠《ぬか》漬けの魚も外すわけにはいかない。糠漬けというと、キュウリやナス、ダイコンといった野菜を漬けるのが一般的だが、北陸地方にはサバやイワシなどの魚を糠漬けにしたものがある。それが「へしこ」だ。主に福井県、石川県、富山県あたりで古くから食べられてきた伝統的な保存食である。

イワシの糠漬けは、まずイワシの頭と内臓を取り除き、魚体に対して30～35％の塩をふりかけて樽に重石をして10日ほど漬け込む。このとき浮いてきた水は「塩汁」として保管しておく。10日ほど経ったら魚体を取り出して水切りし、麹《こうじ》とトウガラシを混ぜた糠と一緒に、また重石をして漬け込み、イワシの塩汁を加えて、6ヵ月から1年ほど熟成させればできあがりである。重石をのせて漬け込むことを、地元では「圧《へ》し込《こ》む」といったことから、「へしこ」の名がついたといわれている。

へしこの中でも、私の大好物が「サバのへしこ」である。糠の中からサバが取り出されるのを見ただけでも唾液があふれてくる。その糠を取り除いて軽く焼くと、それはそれはくさいにおいが煙に混じって立ち上ってくる。糠とサバの組み合わせだから、くさくないはずがない。それが食欲を掻き立てるのである。

焼き上がったサバを皿にのせ、炊き立てのごはんを脇に置いて、しばしそのにおいを堪能する。くさいにおいを含めての、ご馳走なのである。くさいにおいで脳の食欲中枢がアクセル全開となったところで、ついに箸をもち、サバの皮の少し焦げて溶けた脂肪と一体となったあたりをむしりとり、あつあつのごはんにのせて食べるのだ。

へしこはしょっぱいので、ごはんがどんどん進む。1尾のサバでごはん3杯は軽く胃袋にすっ飛んで入っていってしまう。お茶漬けにしても腰がぬけるほどうまい。酒の肴としても最高で、薄切りしたへしこを酢や酒、みりんなどに浸してから食べるのもおすすめである。夏バテなどで食欲が落ちたときでも、これなら食べられるはずだ。糠をつけたまま軽く炙《あぶ》っても、独特の風味と香ばしさが生まれてうまい。

滋賀県の余呉《よご》町へ行ったときは、淡水魚の糠漬けに出合った。琵琶湖産のアユの糠漬け、すなわち「活アユのへしこ」である。余呉町に住んでいる知り合いが、漁師さんから直接購入したピチピチの活きたアユを大量に購入し、自宅で漬け込むところを見せてくれたのである。

まず漬け桶の底にウドの葉を敷き詰める。そこに活きたアユを入れ、アユの半分量の塩をどっと加えると、アユは驚いてパニックとなり、桶の中で猛烈に跳ね踊る。それは凄《すさ》まじい光景だったが、知人はひるむことなく、慣れた様子ですかさず米糠をアユの倍量加えて、アユと塩、米糠の3つを混ぜ合わせ始めた。やがてアユは息絶えて静かになり、そのあとも3つの混合物を手でしっかりと固めるように桶の底から漬け込んでいき、最後にウドの葉をのせた。あとは桶に蓋をして重石をのせ、2〜3年発酵・熟成させる。長いものでは6年ものもあるということだった。

この活アユのへしこがまた、絶妙の珍味であった。奥の深いうまみとさわやかな酸味、いく分かの渋味と苦味、熟れた塩味などが、発酵と熟成によって一体化し、このうえない香味を醸し出していた。郷愁をくすぐる発酵臭も絶品であった。

【フグの卵巣の糠漬け】　くさい度数 ★★★

かなりくさいうえに、食べるときはいつも死を意識せざるを得ない、それでも食べたい垂涎《すいぜん》の逸品が、石川県特産の「フグの卵巣の糠漬け」である。

フグの卵巣の糠漬けは、石川県の白山市（旧・美川町）や金沢市、能登半島の一部などで昔からつくられてきた伝統食品で、トラフグ（マフグ）、ゴマフグ、サバフグ、ショウサイフグなどの卵巣がその原料とされてきた。

ご存じのようにフグには猛毒が含まれている。フグの毒はテトロドトキシンという化合物で、青酸カリの20倍の毒性をもっている。とくに卵巣に最も多く含まれていて、大型のトラフグなら、卵巣1個で15人くらいの人間を死に至らしめるほどの猛烈な毒性がある。その猛毒を多量に含むフグの卵巣を、こともあろうに食用にしてきたのだから、まったく驚きである。

世界広しといえど、猛毒が詰まっているフグの卵巣をわざわざ食べる民族はいない。本書でも命がけの食品をいくつか紹介しているが、毒そのものを含んでいるものはこれだけだ。フグの卵巣は一歩間違うとこの世とおさらばまた逢う日まで、ということになる。いくら「鋼《はがね》の胃袋」と豪語する私でも、毒を喰らえば死んでしまう。

しかし、石川県ではこのフグの卵巣の糠漬けが土産物屋で簡単に手に入る。もちろん、それで食中毒が起こったというケースは皆無なのである。いったい毒はどうなってしまったのか。それは製造法に秘密がある。

フグの卵巣の糠漬けをつくるときは、まず原料のフグから卵巣を取り出して30％の塩で塩漬けし、1年ほど保存する。その間、2～3ヵ月に一度、塩を替えて漬け直す。次に、今度は少し塩抜きしたあと、少量の麹《こうじ》とイワシの塩蔵汁を加えた糠に漬け込み、重石をして2～3年発酵・熟成させる。すると、あら不思議、漬け込む前に多量に存在した猛毒テトロドトキシンは、卵巣から完全に消えてしまうのである。

こうした製造のプロセスの中で、毒消しは2段階で行われる。最初は塩漬けしている間に一部の毒が水分とともに卵巣外に流出していく。しかし、卵巣内部の毒は組織にくっついているので、塩漬けを終えた段階ではまだ多量に残っている。そこで糠床が威力を発揮する。フグの卵巣を糠みそに漬けると、糠みその中の発酵菌（主に乳酸菌）が卵巣内部へ入っていって、そこでどんどん増殖する。発酵中の糠みそには、1グラム（親指の爪にのるぐらいの量）中に数億の微生物が活発に活動しているが、彼らはフグの毒（テトロドトキシン）が大好物だから、貪り食って分解し、アンモニアと水と炭酸ガスに変えていく。これで毒がきれいに消えるのだ。私はこの現象を「解毒発酵」と呼んでいる。発酵微生物の集団にかかったら、さしものフグの卵巣も弾を抜かれた鉄砲と化して安全な食品になってしまうのである。

フグの卵巣の糠漬けは、ちょうど大きめのナスを平たくした感じの形状をしていて、全体にやや硬く、指で押すとむっちりとその弾力が返ってくる。色は少し黄色みがかった灰色で、ずっしりと重い。それを薄くスライスして食べるのである。スライスすると、内側は眩《まぶ》しいほどのあざやかな山吹色をしていて、卵の粒がびっしりと詰まっている。

この珍味は、酒の肴やごはんのおかずに最適である。薄くスライスしたものを口にすると、酸味がサッと舌に広がり、そのあと塩辛さが出てくる。しばらく噛んでいると、卵巣のうまみがとろとろと出てくるのである。焙烙《ほうろく》で軽く焦がしてから食べるとなおうまい。たんぱく質が発酵菌で分解されてアミノ酸になっているのだから、うまいに決まっている。

私の一番のおすすめはお茶漬けだ。炊き立てのごはんにこの卵巣をほぐしてふりかけ、そこに練りワサビと三つ葉のみじん切りを少々のせ、願わくは山椒《さんしょう》の実の粗挽きを添えて、沸騰するほど熱い茶を注いでよく混ぜる。すると、糠みそ特有の発酵臭がふわっと立ち上ってくる。それはくさいというより、古《いにしえ》の郷愁を感じさせてくれる風格をもったにおいで、大いに食欲をそそられる。たまらずに胃袋にかき込むと、乳酸由来の酸味とごはんの甘味、そしてかすかな渋味もあって、さらにそこに卵巣のうまみとコク味が絡み合う。「ああ、生きていてよかった」と本気で思う瞬間である。茶を注ぐとき、とろろコンブを添えるのもいい。いっそう風格ある味が堪能できる。お茶漬けのほかに、おにぎりやパスタに活用してもうまい。

しかし、おもしろいものである。フグの卵巣の糠漬けは、すでに解毒発酵によって毒はないのだとわかっていても、万が一、発酵が不十分であったら確実に死ぬわけだから、どうしても、食べながら「万が一」という思いが頭から離れない。卵巣の一片を口に入れ、静かに噛みながら、もうこの世ともおさらばか、なんて思っていると、本当に頭がしびれて、体がふわふわ浮くような気分になってくる。この緊張感がまたやみつきになるのである。

それにしても、恐ろしい猛毒を、このような巧みな手法によって毒抜きする方法を考え出した古人の知恵には驚くばかりである。世界に冠たる発酵王国、魚食大国の面目躍如といったところか。まさに日本ならではの奇跡の珍味といえる。

ただし、フグの卵巣の糠漬けの製造法には、いくつかの秘伝がある。だから、素人《しろうと》が気軽に「よし、俺もいっちょうつくってみようか」などとゆめゆめ思ってはならない。

【ヤツメウナギの鍋】 くさい度数★

ヤツメウナギというのは、目の後ろに7対のエラ穴があって、それが目のように見えることから、ヤツメ（八つ目）の名がついた。「ウナギ」の名もついているが、これは単に形が似ているだけで、ふつうのウナギとはまったく別種（ヤツメウナギ科）の、原始的な形態を残す特殊な生物である。

産地周辺では家庭の食卓に供されることもあるようだが、多くは乾燥品が漢方生薬や健康食品の素材になっている。つまり、食品としてはあまり需要がないということだ。

あるとき秋田県の仙北《せんぼく》郡仙北町（現・大仙《だいせん》市）に住む友人のところへ遊びに行ったら、地元の魚屋さんでヤツメウナギを買って鍋をつくってくれたことがあった。

このとき購入したヤツメウナギは雄物《おもの》川で漁獲されたものだった。友人が魚屋の主人に「ヤツメウナギ欲しいんだけど」と声をかけると、主人はくわえタバコのまま「あいよっ」とばかりに、活きたヤツメウナギを左手でひょいっとつかみあげては、右手にもった包丁でスパスパと次々器用に切り落とし、10分もしない間に40～50匹のヤツメウナギが輪切りになって下の容器に積み上がっていた。まさに神技のような手さばきであった。

友人宅へ到着すると、鮮血がついた輪切りのヤツメウナギをそのまま底の広い鍋に入れて、ネギ、ゴボウ、豆腐などと共に味噌で煮て、熱々のものを丼に盛って出してくれた。ウナギと別種といっても、いちおうその名がつくのだから、不味いはずはない。さっそく熱々の身にかぶりついたところ、これが恐ろしく泥くさかった。ねっとりしたゼラチン由来のコク味と軟骨のコリコリ感は、野趣味があってなかなかのものだったが、いやはやどうにも泥くささと、生ぐささが鼻についた。

これは困ったなと思っていると、地酒ですっかり酔っ払った友人が、呂律《ろれつ》の回らない口調で「先生、どうですか、うまいでしょ、うまいでしょ」と聞いてきた。私が「うん、うん、うまいぞよ」などと調子よく答えていたら、その友人がニヤリと笑っていう。

「ヤツメウナギは本当に効きますからね、きっと今夜は鼻血が出っ放しになりますよ。本当によかった、よかった」

鼻血が出っ放しになるのがいいとは思えないが、そんなことをいわれたせいか、なんだか体がほかほかと温まってくるような感じがした。幸か不幸か、鼻血は出なかったものの、ヤツメウナギは漢方生薬になっているくらいだから、体にいいのは確かだろう。含有成分を見ても、健康に欠かせない必須アミノ酸をはじめ、目や皮膚を健康に保つビタミンA、疲労回復に役立つビタミンB群、さらには血液の流れをよくするEPA・DHAという脂肪酸など、元気になりそうな成分が揃っている。とくにヤツメウナギの肝はビタミンAの宝庫だ。ただし、ビタミンAのとりすぎは健康を害する可能性があるので、精力をつけたいからといってヤツメウナギの肝ばかり食べるのは避けたほうが無難である。

そもそも、においがかなりくさいので、食べすぎるほど食べられないだろう。

第 2 章

魚醬

Fish sauce

魚介類を大量の塩に漬けてしばらく置いておくと、発酵微生物が作用して猛烈にくさいドロドロの液体となる。見た目には腐った汁のようだが、これこそがうまい料理をつくるうえで欠かせない魔法のしずく、すなわち魚醤《ぎょしょう》である。

古来、世界各地で地域の特性を生かした魚醤がつくられ、それをベースに郷土料理が生み出されてきた。とくに日本を含む東アジアから東南アジアにかけての一帯では、食文化の担い手として、魚醤が重要な役割を果たしてきたのは周知のとおりである。

アジアの魚醤のルーツは、中国にあるといわれている。中国では昔から、魚介類をはじめ、鳥獣の肉、あるいは大豆を原料とした味噌の類を「醤《ジャン》」と総称してきた。それが今日では大豆や麦、魚介などを塩とともに仕込んで発酵させたものが「醤《ジャン》」となり、これを搾って液体としたのが「醤油《ユウ》」で、日本の大豆醤油もこれに含まれる。ちなみに、醤油の「油」は油脂のことではなく、とろりとした液体を意味する。小エビの醤は「蝦醤」、魚の醤は「魚醤」というわけだ。

日本にも、かなり古い時代に中国から魚醤が伝わったと考えられている。現在、日本では大豆醤油が主流だが、いくつかの地域では郷土料理に魚醤文化が残っている。このあと紹介する秋田県の「しょっつる」、香川県の「いかなご醤油」はその代表だ。魚醤をもつ地域には、それに合ったうまい鍋料理が必ずといっていいほど存在する。最近はパスタやチャーハンの隠し味や、白菜漬けや和製キムチ、松前漬けなど伝統的な漬物の隠し味として魚醤が使われることも多い。

一方、西欧では、古代ローマの文献に「クリアメン」「ガルム」と呼ばれる魚醤が出てくる。これは酢と共に、文献上、世界最古級の調味料とされるが、現在はヨーロッパの一部や南米の一地域にその名残が2、3散見されるにすぎない。日本でも知られるアンチョビソース（→86頁）はその希少なひとつである。くささでいえばアジアのものが圧倒的に強烈だ。

ここでは、くさくてうまい魚醤を厳選して紹介しよう。

【しょっつる（塩魚汁）】　くさい度数　★★★

日本の代表的な魚醤のひとつが、しょっつるである。しょっつるは秋田県の特産品で、もともと沿岸部の各家庭で旬の魚を使ってつくられていた。だから、さまざまなつくり方があるが、基本的にはハタハタ（鰰）を原料とし、飯・麹《こうじ》・塩のほか、ニンジン、カブ、コンブ、ユズなどの風味物も混ぜ込んで樽に漬け込み、蓋をして重石で密閉する。普通もので2年、上等もので4〜5年発酵・熟成させる。

近年はハタハタの漁獲量が減ったために、イワシや小アジ、アミ、コウナゴを使ったり、魚と塩だけでつくる場合も多いが、いずれの場合も、数年漬け込んでいる間に魚は溶けてドロドロの汁となる。これを漉《こ》して加熱殺菌したものが、しょっつるである。

数年にわたる発酵・熟成期間中に、原料の魚からうまみ成分（アミノ酸）が抽出されると共に、発酵微生物（主として耐塩性乳酸菌と酵母）が作用して特有の味やにおいをつくり出し、円熟した香味の天然発酵調味料が仕上がるのである。熟成期間は長ければ長いほど、まろやかさと芳醇《ほうじゅん》さが増していく。

円熟した香味といえば聞こえはいいが、大豆醤油に慣れている人にとって、しょっつるの発酵臭はかなり強烈である。くさや（↓23頁）のにおいを若干マイルドにしたような感じだから、初心者は鍋や煮ものなどに隠し味程度に使うところから始めるといいだろう。

しょっつるを使った料理といえば、秋田名物のしょっつる鍋や貝焼《かや》きがよく知られている。煮ものや汁もの、鍋などに入れると、においはほとんど気にならなくなるばかりか、ぐっと食欲を掻《か》き立てるにおいとなり、さらに料理の具材と調和してなれあい、コク味やうまみがぐんと増し、大いに食欲をそそる調味料に変身するのである。これが魚醤の醍醐味《だいごみ》で、風味が変化する秘密は、しょっつるの原料魚から溶出した塩基性の臭気と、アミノ酸やペプチド、核酸にあり、これらがうまみを演出するとともに、鍋で煮込むと魚のくさみを包括して消してしまうという、いわばマスキング効果があるのだ。

しょっつるのくさみとうまみを知ってしまうと、もう後戻りできないほどの魔性の力をもっていて、従来の植物原料の醤油では物足りなくなってくるのである。普段の料理でも、「なにか一味足りないな」というときにとても便利で、煮込みうどんやラーメン、炊き込みごはん、チャーハン、パスタなどに使うととてもうまい。焼き魚を焼く前に、しょっつるをちょっと垂らすのも乙《おつ》で、慣れてきたら、タイやフグなどの白身魚の刺身にもぜひ使ってみよう。

【いしる（いしり）】　くさい度数 ★★★

イカの腸（コロ）を集めて塩漬けし、そのまま置いておくと、塩に耐性のある乳酸菌や酵母が働いて発酵が進み、3年ほど経ってからそれを漉《こ》すと、きれいな琥珀《こはく》色の汁が得られる。これがいしるである。いしりと呼ばれることもあるが、大昔から能登半島を中心とした日本海沿岸でつくられてきた伝統的な魚醤のひとつだ。

発酵の過程でイカの腸に含まれているたんぱく質が分解されて、うまみのもとになるアミノ酸やペプチドがたくさん生じるため、味は濃厚でとにかくうまい。一方で、主にベタインとかタウリンといった、イカの腸のたんぱく質が発酵微生物によって分解されることから、独特の強烈なにおいが生み出される。

それはくさやのようなウンチっぽいにおいではなく、肉感的というか、ちょっと猥褻《わいせつ》な、そそられるような感じのエスニックなにおいである。具体的には、タイのナン・プラー（↓82頁）やベトナムのニョク・マム（↓80頁）などの魚醤に近いにおいで、ゴルゴンゾーラ（↓268頁）やスティルトン（↓267頁）といったブルーチーズのにおいにたとえる人も多い。とにかく強烈なにおいなので、煮ものや炒めものなどにちょっと加えただけで、独特の発酵臭が湧き立ち、好事家にとってはたまらない逸品に仕上がる。鍋に入れるのもおすすめだ。

作家の故・井上ひさしさんは、これが大好物だった。井上さんとは、山形県西山町での農民ゼミで何度かご一緒したが、いつもいしるの話で盛り上がった。井上さんは完全な夜行型で、家族が寝静まったあと、夜中に執筆するのが常だったが、仕事の合間にチャーハンや焼きそばなんかをつくって、いしるをちょっとふりかけて食べることが大いなる喜びだといっていた。いしるのにおいを夜中に嗅ぐと、思わずニヤリとしてしまうというのである。まさに大人の微笑みを誘う、じつにほほえましい話である。

いしるの食べ方はさまざまだが、ここでは「べん漬け焼き」という非常におもしろい料理法を紹介しよう。タクアンの糠《ぬか》みそ漬けを糠から掘り出してきて、さっと糠を洗い流す。表面の水気を布でふいたら、いしるを刷毛《はけ》で塗り、それを炭火で焼くのである。漬物を焼いて食べるというのは、おそらく世界を見渡しても他に類がないのではなかろうか。

このべん漬け焼きがおもしろいのはそれだけではない。食べたとき、タクアンの味がしないのである。見た目はタクアンだし、食感もタクアンなのだが、味はまるまるイカなのである。タクアンの香味もかなり強烈なのに、そのタクアンに刷毛で塗ったイカの腸の発酵品、すなわち、いしるの味に凌駕《りょうが》され、完全にイカ焼きと化してしまうのだ。焼いているときのにおいも同様で、祭りの屋台で売られているイカ焼きのにおいそのものである。

タクアンを食べてイカの味がするとは、なんとも不思議な感覚だ。1粒で2度おいしいといった感じ、ひと切れで、ごはん2杯は軽くいけるおかずである。

【いかなご醤油（玉筋魚醤油）】　くさい度数 ★★

香川県に伝わる伝統的な魚醤といえば、いかなご醤油である。前出の、秋田の「しょっつる」、石川の「いしる」と並び、日本三大魚醤のひとつとされている。

いかなご（こうなご）は、サワラと共に、瀬戸内海の春を告げる魚で、いかなご醤油は旬のいかなごを塩漬けにして発酵・熟成させ、その汁を漉《こ》してつくる。戦時中の食糧不足の時代には、大豆醤油の代わりにこの地域では各家庭でも盛んにつくられていた。

ところが、昭和30年代に入って大豆醤油が手軽に入手できるようになると、いかなご醤油の需要は激減。しょっつるやいしると違って、いかなご醤油には「これには欠かせない」という郷土料理がなく、そもそも香川県は大豆醤油の産地でもあることから、いかなご醤油は衰退していったと考えられている。

それでも最近は、いかなご醤油を復活させようという動きがあって、これを製造・販売するところが出てきたのは、魚醤ファンにとっては嬉しいニュースである。

いかなご醤油は、魚醤の中では塩分が少なくてまろやかなので、鍋ものや煮もの、汁ものなどのダシや隠し味としてだけでなく、刺身や豆腐のつけ醤油として初心者がそのまま使ってもそれほど抵抗がない。

【イワシ醬油】　くさい度数　★★★

イワシ醬油は、その名のとおりイワシを原料につくられる。マイワシでもヒコイワシでも構わないが、腸をとらないで胴体ごとぐちゃぐちゃにつぶして大量の塩を加え、発酵させる。場合によっては、発酵を促すために麴《こうじ》を加えることもある。

そのまま置いておくと、乳酸菌によって発酵が進み、ドロドロの醬油ができあがる。イワシはもともとダシに使われるほど豊かな味とにおいをもった魚だが、発酵することによってそれらがさらに引き出され、熟成されて、より深みのある独特のうまみと発酵臭が醸《かも》し出されてくる。くさみはやや強烈で、大豆醬油に慣れている人にとっては、やや顔をそむけたくなるにおいだ。

しかし、今でこそ日本では大豆醬油が広く使われているが、かつてはイワシの醬油が主流だった。なぜなら、イワシが山のように獲れたので、大豆よりイワシを原料にしたほうが安上がりだったからである。従って昔の日本人でイワシ醬油を「くさい」と感じる人はあまりいなかったであろう。

なお、同じようにイワシを原料とした魚醬に、アンチョビソースがある。この2つは混同されがちだが、アンチョビソースは後で紹介するように基本的には大量の塩の添加によって発酵が止まるので、イワシのうまみの浸出液が熟成したものである（→86頁）。一方、日本のイワシ醬油はじっくり発酵させているので、イワシのうまみもにおいも十分に溶け込んでいる。だから、舌にも鼻にも猛烈にアピールしてくるのである。これをうまいと思うか、くさいと思うかは個人の好みとなる。

新潟市の角田浜と呼ばれる地域では、このイワシ醤油を上手に使った「なまぐさごうこ」と呼ばれる漬物が、江戸時代から伝えられている。これについては漬物の項であらためて紹介する（↓280頁）。

【アユ醤油】　くさい度数 ★

アユ醤油は、アユを原料につくられた醤油である。アユに塩を加えて発酵させただけのものもあれば、麹《こうじ》を加えて発酵させたものもある。アユは日本ではポピュラーな魚なので、全国各地で昔からアユ醤油がつくられてきた。

アユは「香魚」ともいわれるように、とても清々《すがすが》しいスイカのような香りがする。これはアユがもっぱら川の藻をエサにしているためで、魚にありがちな生ぐささはあまり感じられない。くさいものにはまったく属さない魚なのだが、発酵させて醤油になると清々しい香りは消え失せ、においが一変する。それはちょうど若アユのごときぴちぴちした少女が、歳月を経て熟女となるように、清々しいアユの香りは、発酵が進むにつれて熟女の妙香へと変わっていくのだ。だから、好みが大きく分かれる。

若アユの清香、発酵して妙香となる――おお、なんと風流なことか。まさに発酵はマジックなのである。においに反して、アユ醬油の味はとてもさっぱりしている。若アユの面影が残る清々しさである。

【サケ醬油】 くさい度数★

日本人好みの魚醬といえば、やはりサケ醬油だろう。サケというのは酒ではなく、魚の鮭のことだが、新鮮なサケの頭と骨、ヒレ、尾、内臓をつぶし、そこに大豆麴《だいずこうじ》と塩を加えて発酵させてつくる。

サケそのものがクセのない魚なので、それを原料としたサケ醬油も、東南アジア系の魚醬（ニョク・マムやナン・プラーなど）のようなエスニックなにおいはなく、洗練された上品なにおいが特徴的で、どんな料理にもよく合い、鍋料理をはじめ、炒めもの、煮もの、あるいはお刺身のつけ醬油にしてもうまい。

最大の生産地は、北海道石狩市で、当地へ行くと市内には「鮭魚醬ラーメン」を出す店も多い。札幌の新千歳空港の土産物売り場でも、小さなビンに詰めて売っているので、それを買ってきて、魚醬入門の第一歩として試してみるのもいいだろう。

【いさじゃ漬け】　くさい度数　★★★★★

いさじゃ漬けは、秋田県の八郎潟《はちろうがた》をはじめ、山形県や青森県など、日本海沿岸で昔からつくられてきた稲作民族の珍味で、今は八郎潟の農食民文化のひとつとして残っている。

日本は昔から絹織物の技術が発達していて非常に細かい網目の絹が織られてきた。その絹でふるいをつくり、それで捕ったアミ（淡水系のプランクトンの一種）を塩で発酵させたものが、いさじゃ漬けである。

これがまた猛烈にくさくて、並大抵のくささではない。くさやの漬け汁とそっくりな強烈なにおいがする。鼻が曲がるというのは、こういうにおいのことであろうか。しかし、そのにおいこそ、いさじゃ漬けの最大の魅力であり、塩辛いうまさと相まって、ごはんが何杯でも進むのである。冷奴や湯豆腐にかけると、最高の酒のつまみができあがる。

最近はあまりにくさいので売れないと見えて、においを大幅にマイルドにしたいさじゃ漬けをビン詰めにして市販している。先日、知り合いが秋田土産で買って来てくれたビン詰めのいさじゃ漬けは、残念なことにくさいという印象はあまりなかった。うまみはそのままだったから、くさいにおいが苦手な人にはおすすめだが、本来のくさいいさじゃ漬けが好きな人間にとっては、かなり物足りないというのが正直なところだ。ビンの蓋を開けた途端、「うわぁ、たまらん」と顔をそむけるほどのくさいいさじゃ漬けが懐かしい。いつかまた本物のいさじゃに出合えることを願ってやまない。

【ニョク・マム】　くさい度数 ★★★★

東南アジアでも、じつにさまざまな魚醤がつくられている。代表的なものをいくつか紹介しよう。

ベトナムにはニョク・マムがある。現地の言葉で「ニョク」は液体を意味し、「マム」は魚介類の発酵食品の総称だから、ニョク・マムは魚介類の発酵食品から得られた液体、すなわち魚醤のことである。

ベトナムは海に面しているだけでなく、メコン川を代表とする多くの河川と巨大なデルタ地帯が存在するため、海水・淡水の魚介類の宝庫で、魚醤づくりには最高の地といえる。後で一部紹介するように、貝やエビ、カニのほか、カエル、ザリガニ、タガメなどを原料にした魚醤もある。その中でも最もポピュラーなのが雑魚《ざこ》に塩を加え、8ヵ月ほど発酵・熟成させてから搾って濾過《ろか》したニョク・マムだ。

ニョク・マムは、ベトナム人にとっての万能調味料で、煮ものや炒めもの、スープの味付けのほか、春巻きのつけダレ、フォーの味付けなどさまざまな料理に使われる。各家庭では、ニョク・マムに、ニンニクやトウガラシ、ベトナムラッキョウ（エシャロット）、ライムジュース、砂糖などを混ぜて、ニョク・チャムという自家製のつけ汁として汎用しているケースも多い。日本の大豆醤油と同じである。

日本の醤油かけごはんのように、ニョク・マムをそのままごはんにかけたり、粥《かゆ》にニョク・マムをかけたものを離乳食にすることもあり、まさに国民的調味料といえる。

ただし、日本の大豆醤油と大きく異なるのは、強烈なにおいである。ニョク・マムのにおいは凄《すさ》まじく、車で道路を走っていても、どこかでニョク・マムを製造していたりすると、鼻で嗅ぎ分けてそこへたどりつくことができるほどだ。ニョク・マム大好きの私は、そんなにおいに惹《ひ》かれて、その発生源にわざわざ立ち寄ってみたりするのだが、何度目かのベトナム旅行の際、南部のカントーというところで、珍しいニョク・マムに出合った。原料は小型の川ガニで、次のようなワイルドな醸造法でつくられていた。

まず、バケツ2杯分くらいの生きた川ガニを石臼の中に入れ、野球のバットのような太い棒で容赦なく上から搗《つ》いていく。棒で搗かれた川ガニはグシャッ、グシャッという無残な音と共にぺしゃんこにつぶされ、途中、何度か塩が放り込まれてさらに搗いたり、攪拌《かくはん》したりしているうちに、石臼の中はカニの体液と塩でどろどろになる。それを今度はバケツに入れて仕込みがめの中へ移し、また石臼の中に別の生きた川ガニを入れて棒で搗き、かめへ移す、といった作業を何度も繰り返しながら、かめの中を満タンにして最低8ヵ月ほど発酵・熟成させる。2〜3年発酵・

熟成させてから出荷する製品もあるという。

こうしてできた川ガニのニョク・マムも、一般のニョク・マムと同じようにさまざまな料理に使われる。これもカニの濃厚なうまみが凝縮されていてとてもうまいが、しかしひどくくさい。だがこのくささがうまみを相乗させるので、全体がたまらなくうまいのである。

【ナン・プラー】 くさい度数 ★★★★

タイの食卓にも、決して欠かせない魚醬がある。それがナン・プラーである。タイ語で「ナム」は汁を意味し、「プラー」は魚を意味する。ベトナムのニョク・マムと並ぶ、東南アジアの二大魚醬のひとつとされていて、原料や製法もよく似ている。

タイも、南部は海に面していて、西部や東部には大河メコンが流れていることから、イワシや小型のアジ、サバ類など海産物のほか、淡水産の魚類も多く漁獲されている。そして、これらを原料に塩漬けにして発酵熟成させ、液体だけを取り出して漉し、さらに熟成させて魚醬がつくられている。その代表がナン・プラーで、ナン・プラーを製造している比較的大きい工場は、タイ全土に200近くあるともいわれている。

ナン・プラーは、ニョク・マムよりにおいはマイルドともいわれるが、それでも相当くさい。くさいが、魚醬ならではのアミノ酸を多く含んでいるために濃厚なうまみがあり、炒めものや揚げものに使うと、料理の香ばしさが増してやみつきになる。煮もののダシ、あるいはつけダレとして最高だ。タイの食卓には欠かせない天然の発酵調味料である。

【タガメ醬油】　くさい度数　★★★

虫を原料にした魚醬もある。正しくは虫醬というのかもしれない。タイ、カンボジア、ミャンマー、ベトナムを中心としたメコン川流域で主につくられているタガメ醬油もそのひとつである。

原料のタガメはカメムシの一種で、水中に生息している昆虫である。見た目はゴキブリに角が生えたような形をしていて、大きなものは体長5～6センチもある。虫というと、葉っぱをかじっているイメージがあるが、タガメは肉食で、魚や小さなヘビ、カエルのほか、水棲鼠の稚児のような小型哺乳類を食べることもあるといわれている。昔は日本の全国の田んぼで普通にみられたが、いまは絶滅に瀕しているようだ。

一方、メコン川流域には、現在も大型のタガメが大量に生息している。一帯は稲作が盛んで水田が多く、また沼や池もたくさんあって、タガメにとってはエサが豊富で棲《す》み心地のいい場所なのである。これらの地域の市場へ行くと、タガメが山盛りに積まれて売られている。

私がタガメ醬油を初めて目にしたのは、タイ北部の市場だった。生の巨大なタガメを10匹くらい詰め込んだ4合ビンの中に、ナン・プラーを注ぎ込んだものだった。こうすると、タガメから成分がじわじわ溶け出て、ナン・プラーとはまったく異なる風味の醤油ができあがる。

これがまた驚きのにおいなのである。なんと、ナン・プラーのにおいに混じってラ・フランス（洋ナシ）に似た甘い香りがするのである。これはタガメが異性にアピールしたり、仲間を識別するために放つフェロモンの一種のにおいで、外見からは想像もつかないロマンティックな甘くせつなく、耽美《たんび》で妖《あや》しい香りなのだ。私ははじめてこのタガメ醤油をペロリとひとなめしただけで、すぐにとりこになってしまった。世に聞く「魔性のにおい」とは、まさにこれではないだろうか。本当にラ・フランスのにおいなのである。

実際にタガメ醤油のとりこになったのは私だけではない。タイから帰国したあと、漫画家の東海林さだおさんにタガメ醤油を1本プレゼントしたら、その芳香に感激して、一瞬でタガメ醤油の大ファンになったのだ。そのくらいタガメ醤油の香りは、人を魅了する妖しさに満ち満ちている。本書の主題である「くさい」というカテゴリーからはやや外れるが、においに特徴がある食品として外せない逸品なので紹介させていただいた。

【ナン・パ】　くさい度数 ★★★

海に面していないラオスにも、ナン・パと呼ばれるすばらしい魚醤がある。隣接するタイとの国境線を流れるメコン川の恵みの淡水魚を原料に、塩を大量に加えて長期間発酵・熟成させて、その上澄み液をすくいとったり漉《こ》したりしてつくるのである。

　以前、ラオスの首都ビエンチャンから北のほうへしばらく車を走らせたところで、ナン・パを製造している工場を見学したことがある。工場といっても、平屋の建物に1本の煙突が出ているようなところで、例にもれずその周辺は魚醤のにおいでひどくくさかったが、できあがったばかりのナン・パは透明でウィスキーのようなきれいな色をしていた。なめてみると、塩辛いものの、深くてふくよかなうまみがあり、くさいにおいを含めて、いっぺんで好きになってしまい、はるばる遠くまで来た甲斐があったというものだ。

　ラオスでは、どのような料理にもたいていこのナン・パが使われる。とくに淡水魚を使った料理にはナン・パが欠かせない。ラオスの市場に出回っている淡水魚は200種類を超え、魚料理も幾百と存在するが、その淡水魚の泥くささや生ぐささを消すのに、ナン・パが役立つのである。毒を以《もっ》て毒を制すではないが、くさい淡水魚でつくったくさい魚醤で、くさい淡水魚のにおいを消しておいしく食べる。じつにすばらしい発想だ。発酵食品の偉大さをあらためて思い知ったのであった。

　このほか、東南アジアの魚醤としては、フィリピンのパティス、インドネシアのケチャップ・イカン、カンボジアのタク・トレイ、ミャンマーのガンピヤーイエー、マレーシアのブドウなども知られているが、どれも魚醤特有のくさい発酵臭が魅力の逸品である。

【アンチョビソース】　くさい度数 ★★

ヨーロッパや南米、アフリカなどにも魚醤のようなものがある。ヨーロッパでカタクチイワシを原料につくられるアンチョビソースはその代表である。

アンチョビソースのルーツは古く、古代ローマに遡《さかのぼ》るといわれている。この時代の料理書の中に「ガルム」あるいは「リクアメン」という名の魚醤が掲載されていて、それらは小エビや小魚に大量の塩を加えたものを素焼きのかめに仕込み、2～3ヵ月放置してから液体を取り出して料理に使ったことが記されている。この名残がアンチョビソースではないかといわれている。加える塩の量がとても多いので、発酵菌は生育できず、主として魚介類の自己溶解と熟成により、うまみとくさみが出るのである。魚醤特有のしょっぱさとにおいから、料理の隠し味として風味づけによく用いられている。

第 3 章

肉類

Meat

【ヒツジ】　くさい度数★

ヒツジのにおいは、ヒツジの種類や性別、年齢などによってだいぶ異なる。最もくさいのは去勢されていない高齢のオスで、そのくささがまた、鼻もちならない陰湿なものだからやっかいである。この肉をたまたま初めて食べてしまったら、生涯二度とヒツジの肉を口にしたくないだろう。一方、ラム（仔羊）のように若い肉は、においがマイルドで比較的食べやすいから、初心者にはおすすめである。

しかし、海外へ行くと、そんな選択ができないまま、くさいおじさんヒツジの肉でも笑顔で食べなければいけない場面がしばしばある。初めてモンゴルのゲル（モンゴルの遊牧民が暮らす移動式住居）を訪ねたときがそうだった。

モンゴルでは、もっぱら客人に対するもてなしとしてヒツジの料理を用意するが、私が一軒のゲルを訪ねたときも、そこの主人が近所の人たちを集めて酒宴を開き、ヒツジ料理をご馳走してくれた。これがすごい体験だったのでちょっと詳しくお話ししよう。

ヒツジ料理のもてなしは、ヒツジの解体から始まる。その手技はじつに見事である。

群れの中から1頭のヒツジを選ぶと、広い草原へ連れて行き、いきなり仰向けに倒したかと思うと、次の瞬間、ヒツジの上にのしかかり、もっていた細身の蒙古刀で左下腹部にすばやく10センチほどの切り込みを入れる。そして、目にもとまらぬ速さでその切り口に手を入れ、横隔膜を破って心臓まで滑り込ませ、心臓に直結する大動脈を引きちぎる。するとその途端、切り口から血がどくどくと湧き出てくるので、それを一滴残らず容器に集め、あとは手早く毛皮をはいで内臓や肉を切り分けていくのだ。その間、わずか15分。当のヒツジも驚く速さである。

解体が終わると調理が始まる。その間、私は正装に着替え、あらためてゲルを訪ねた。すると酒宴の用意はすでに整っていた。中央に祭壇のようなものがあり、そこに何かがのっている。よくよく見ると、それはゆで上がったばかりの先ほどのヒツジだった。もはやヒツジの原形はなく、股肉《ももにく》を4枚敷いた上に、大きな背肉がのって、さらにその上にヒツジの頭が生のまま置かれていた。頭の頂上にはチーズを一塊のせてある。

唖然と立ち尽くす私を尻目に、近所の男たちが三々五々集まってきて、賑《にぎ》わいが増していく。やがて招待してくれた家の主人が、ヒツジの頭の上のチーズの小片を取り、指先でそれを崩して四方に散らす儀式を終えると、頭は外にもち出され、そこからいよいよ宴の始まりである。

まず出てきたのが、ゆでたヒツジの骨付き肉だった。各自が蒙古ナイフを片手に肉片を切り取り、好みで塩をふって食べる。次はゆでた臓器で、真っ黄色の巨大な肝臓がそのままでんと皿にのって出てきた。その迫力に圧倒されながらも、蒙古ナイフで切って口に入れると、食感はアンコウの肝のようだったが、かなり脂っこくてこってりとしている。

そのあと、肺が塩ゆでされて出てきた。これは塩味以外はほとんどせず、ふわふわしていて奇妙な舌ざわりであった。さらに、心臓や腎臓や舌、子袋（子宮）、脳みそ、頬肉、胃袋などが次々登場し、最後に満を持して運ばれてきたのが、小腸に血を詰めてゆでた「血の腸詰め」であった。これがまた驚きの食べもので、とてもひとことでは説明できないので別に項目を立ててお話しすることにする（↓96頁）。

モンゴルの人たちの温かいもてなしに感謝する一方で、このときのヒツジ料理の感想を正直にいうならば、どれも脂っこくて味が単調で、何より凄《すさ》まじくヒツジくさかった。途中で「口の中がさっぱりしますよ」といってモンゴルのご婦人がもってきてくれたバター茶（↓153頁）までが脂ぎっていたのには辟易した。

こうした料理を毎日食べていると、3日目くらいから自分の体臭もヒツジくさくなってくる。5日目ともなると草まで食べたくなってくる。いや、冗談でないのだ。なにしろ、モンゴルの人たちは野菜をあまり食べないから、どうしても葉緑素入りの繊維を体が要求してくるのだ。とにかく周りの草がやたらうまそうに見えた。

1週間目には、草原で立ち小便をしていたら、そのにおいを嗅いで、何頭ものヒツジが「メエー、メエー」と鳴き声をあげながら、集団で駆け寄ってきた。そして、小便をしている私を取り囲んでじっと見ている。妙な雰囲気のまま、やっと小便を終えてその場を離れようとした途端、ヒツジたちが一斉に、私が小便をしたあたりの草をわさわさと食べ始めたのには仰天した。最初は仲間のにおいと勘違いして食べているのかと思ったが、じつはそうではなくて、塩分を補給するためらしい。まさに生きる知恵だ。

話が逸《そ》れてしまったが、大草原のヒツジ料理は確かにくさかった。しかし、朱に交われば赤くなるの言葉どおり、自分の体臭がヒツジに近づくにつれ、だんだんそのにおいや味に慣れ、最終的には大好物になっていた。

モンゴルでヒツジを満喫した私は、その後、世界のあちこちでヒツジ料理を食べ尽くすことになる。その過程で気づいたのは、世界的にみると、ヒツジの食べ方はモンゴルのようにゆでて食べるところよりも、串に刺して焼いて食べるところのほうが圧倒的に多いということだった。ヒツジの串焼きを次に紹介しよう。

【シシカバブ】　くさい度数　★★

中国の新疆《しんきょう》ウイグル自治区にあるカシュガル（喀什）のバザールへ行くと、あちこちにシシカバブ屋がある。シシカバブとは、ヒツジの肉の串焼きのことだ。ヒツジの肉をぶつ切りにして金串に打ち、特有のにおいと辛さのある香辛料をふって焼いたものである。日本の焼き鳥のようなイメージだ。

このシシカバブは当地では大人気だが、日本人旅行者の間では好き嫌いが大きく分かれる。ヒツジの独特のにおいに加え、香辛料の汗くさいような鼻をつく強いにおいが混じって、食べ慣れない人にはかなりハードルが高い。私なんか一度に10串以上平気で食べるが、苦手な人は1串の半分くらいでたいていギブアップしてしまう。

カシュガルと同じシルクロード鉄道が通るウルムチの街では、シシカバブ屋のお父さんと友だちになり、ここでもうまいヒツジ肉を堪能《たんのう》することとなった。この店は一晩に５００串ものシシカバブを売る人気店で、確かにうまい。ヒツジの肉が新鮮なうえ、炙《あぶ》るときにふりかける香辛料のすばらしさが他の屋台の追随を許さない。思わずその味にはまってしまって、気づいたらシシカバブを13串も胃袋へ送り込んでいた。

シシカバブをおいしく食べるコツをひとつ伝授しよう。それは中国の白酒《バイチュウ》（→228頁）を飲みながら食べることである。白酒は日本の焼酎のようなものだが、アルコール度数が格段に高い。そして、非常にくさい。これらがシシカバブの風味をうまくマスキングして、くさみを忘れさせてくれるのである。ウルムチでは、現地のデパートで買った「古城酒」という白酒を飲みながらシシカバブを食べたが、互いにくさいので最高の組み合わせだった。

一方、同じヒツジの串焼きでも、フランスのノルマンディーで食べた顔黒羊（サフォーク）の金串焼きは、美しいほどの上品な味だった。やわらかく、あっさりしていてクセがなく、まことにヒツジらしくないヒツジだったのである。シェフにその理由を尋ねたところ、気候風土のせいだという。ノルマンディー地方は海に接していて、潮風をいっぱいに浴びて育った牧草をヒツジたちはもりもり食べ、ヒツジたち自身もいっぱいの潮風にあたって育つからだといっていた。こちらはくさい酒の力を借りなくても、たいていの人は難なく食べられるだろう。

【羊肝スープ】　くさい度数 ★★

さて、ヒツジのくさいものシリーズはまだ続く。シルクロード沿いの町、中国・庫車《クチャ》の屋台で、またもや激辛のシシカバブを３串平らげたあと、丼に盛ったウドンに激辛の羊肝スープをかけて食べたのである。

羊肝スープというのは、ヒツジの肝臓をつぶしてから裏漉《うらご》しし、それをヒツジの頭やヒヅメ、スネ、筋、骨を煮出してとったダシの中に入れてコテコテにし、トウガラシやコショウ、カルダモンといった激辛成分を大胆に入れて、さらにヒツジ肉の細切れを加え、煮込んだものだ。まさにヒツジ尽くしの煮込み料理で、これが猛烈に辛くて熱くてくさい。ヒツジの肝臓から出てきたコクのあるクリーミーな濃味が、辛味をややマイルドにしているが、それでも食べていると汗がたらたら出てきて止まらない。

しかし、味の方は驚くほどうまいのである。屋台のおじさんに「なぜこんなにコクがあってうまいの？」と聞くと、「ヒツジの頭を割って、脳髄まで煮込んでいるからさ」と、およそ日本では聞けないような話を当たり前のような顔で話した。いやはやダイナミックな料理、ダイナミックな国なのである。

【セルヴェル】 くさい度数★

ヒツジの脳みその料理は、フランスにもある。セルヴェルと呼ばれるものだ。生後8ヵ月以上、1歳未満の顔黒羊（サフォーク）のラムの脳髄を使った料理である。

まず解凍した丸いままの脳髄を水に浸して血抜きし、脳髄を包む薄い膜を水の中でていねいに取り去る。次に鍋に水をはり、タマネギ、パセリ、セロリの葉、酢、塩を加えて煮立て、そこに先ほどの脳髄を入れて弱火でさっとゆでてから、さまざまな料理に使うのである。

最もポピュラーな調理法は、フライパンの上でバターを溶かし、そこに輪切りのレモンを多めにしぼり、強火で焦がしたソースを脳髄にかけて味わうというもので、ほかにも、脳髄に小麦粉をまぶしてからバター焼きし、レモン汁をかけてパセリを散らす調理法や、ホワイトソースをかけただけのシンプルな調理法など、書き出せばきりがないほどさまざまなレシピがある。

いずれの食べ方でも、ふわふわした歯ごたえとコク味、そして上品な味わいが愉しめる。何よりソースを工夫することで、ヒツジ臭が完全に消えてしまうところが見事だ。私も衣揚げにしたものを秘伝のトマトソースで食べたことがあるが、赤ワインにとてもよく合って、ついついおかわりするほど舌に馬力がかかった。ヒツジのにおいが苦手な人は、サフォーク種のような肉用ヒツジの料理がおすすめである。

【ジンギスカン】　くさい度数　★★

日本では、ヒツジの肉の料理といえば、やはりジンギスカンだろう。ジンギスカンの名称は、ご存じのようにモンゴル帝国の建国者チンギス・ハンに由来するが、じつはジンギスカンは日本のオリジナル料理で、当のモンゴルには存在しない。これは旧満州（現・中国東北部）に居住していた日本人が考えた料理で、中国料理の烤羊肉《カオヤンロウ》というヒツジの肉のバーベキューがルーツといわれている。

中国の烤羊肉は、ヒツジを殺して解体したのち、屋外で火をおこし、その上に直径50センチほどの簀子《すのこ》状の鉄製鍋をかぶせ、そこに切り分けた肉をのせて焼き、好みの調味料をつけて食べるのが昔からの調理法だ。この方法はすでに周代の『礼記』に載っている。こうした豪快な食べ方を見て、おそらく大正時代末期頃、旧満州に住んでいた日本人がジンギスカンと名づけたのだろう。

戦後は、主に北海道でジンギスカンがよく食べられてきた。旧満州から戻った人たちが広めたと思われるが、今でも北海道では、川原でのバーベキューといえばたいていジンギスカンだし、夏の海の砂浜でもテントを張ってジンギスカンを食べている光景がよくみられる。だから、北海道の人にとって、「ヒツジの肉がくさい」なんて話は不本意に違いない。しかし、ジンギスカンのように味の濃いタレをつけた食べ方でも、ヒツジの肉はくさいという人がいる。そういう人は、先にお話ししたようにラム（仔羊）肉を選べば、何の問題もない。

個人的には、北海道の旭川市で食べたジンギスカンがうまかった。男山酒造の山崎志良さんが、酒蔵の前にある池のほとりで、私のためにジンギスカン・パーティーを開いてくれたのだ。やわらかいラム肉を秘伝のタレにつけて、ジンギスカン鍋で肉を焼き、心ゆくまで口に放り込んでもりもり食べたのだが、とにかくタレが絶品だった。その秘伝の中身を聞いたら酒粕《さけかす》を使っているとのこと。さすが酒蔵育ちの食いしん坊だ。それ以来、私も焼肉のタレをつくるときは、いつも隠し味に酒粕を使う。

ちなみに、ラムというのは1歳未満の仔羊の肉のことで、それ以外はマトンと呼ばれる。マトンのほうが値段が安く、においが強い。本当のことをいえば、私はくさいマトンのほうが大好きで、これがくさいカストリ焼酎（↓254頁）によく合う。

このことを横浜の行きつけの屋台のおっちゃんに話したら、マトンの料理をメニューに加えてくれた。以来、ヒマを見つけてはそこへ通い、マトンとカストリで「うめーえ、うめーえ」と嬉しく酔っている。私はまさしく、ムサボリビッチ・ヒツジンスキーでもあるのだ。

【ヒツジの「血の腸詰め」】　くさい度数　★★★★

自称ムサボリビッチ・ヒツジンスキーの私だが、これまで食べたヒツジ料理の中で最もくさくて難儀したものを、ヒツジシリーズの最後に紹介する。

内蒙古自治区やモンゴルでは、ヒツジを材料にさまざまな「腸詰め」がつくられている。日本で腸詰めというと、肉を詰めたソーセージを思い浮かべる人が大半だろうが、ここで取り上げるのは血の腸詰めである。まるで恐怖映画のタイトルのようだが、実際に味もにおいも恐怖を感じるほど凄《すさ》まじい。

モンゴル人の見事なヒツジの解体法は先にお話ししたが、このとき容器に取り分けた血も、客をもてなす特別料理に使われる。野菜と共に炒めたり、貴重な米（ワイルドライス）に染み込ませて炊いたりもするが、特有の香草を刻んで血に混ぜ、それを腸に詰めて蒸したものがよく出される。これが血の腸詰めである。

私がモンゴルでご馳走になったのは、直径6センチほどの太さで、1メートルくらいの長いものを10センチくらいにぶつ切りにしたものだった。切り口は濃いチョコレート色をしていて、手に取ってみると半固体状でぶよぶよしていた。それを小型の蒙古刀で切って食べるのだが、口に入れた瞬間、ヒツジ特有の獣臭に加え、鉄錆《てつさび》のような強烈な血のにおいが鼻に襲いかかってきた。思わずウッとこみあげてくるのを必死で抑えながら、おそるおそる噛んでみると、今度はねっとりした不気味な食感に背中がぞぞっとした。味はややしょっぱくて、鈍く重い。ひとことでいえば、くさくて不味いのである。

しかし、モンゴルの人たちは、もてなしの料理として貴重なヒツジを1頭つぶして出してくれているのだから、吐き出すなどとんでもないし、ヒツジに対しても失礼である。

獣臭と血のくさみで意識がもうろうとする中、ひたすらモグモグと噛んでいた。すると、口の中がヒツジの血でどろどろの状態になり、一刻も早く飲み込まないと口からあふれ出てきそうな状態になった。口からあふれ出たら、それこそ恐怖映画になってしまう。

勇気をふりしぼってゴクリと飲み込んだ。ところが、血の塊はなかなか胃袋のほうへ落ちていかない。食道の途中で重力に逆らって上がってこようとするのである。胃袋が完全に拒否しているのだ。額ににじむ汗を気づかれないようにしながら、やっとのことで胃袋へ押し下げたのだった。

事なきを得てほっとしていると、隣に座っていたモンゴル人が「うまいか?」と聞いてきた。急な問いかけに、私はうっかり「うまいよ」と笑顔で答えてしまった。すると、「そうか。じゃあ遠慮せずにどんどん食え」と迫られて、とても断れない状況に陥り、私はナイフで血の腸詰めを切り取りながら、顔で笑って心で泣いてモグモグと食べ続けたのであった。全身から噴き出す汗まで血のにおいがするような気がしたほどである。

なんとか夜の宴が終わり、一晩ぐっすり眠って心機一転。早朝の大平原で気持ちよく排便したところ、ここでまたびっくり仰天。肛門から真っ黒のコールタールのようなウンチが出てきたのである。下血したのかと思って、あやうく黒いウンチの上に尻もちをつきそうになった。

日本に帰ってから、心配になって知り合いの医者に相談したら、「それはヒツジの血が胃袋を通過するとき、強い胃酸（塩酸が主体）の中をくぐって出てくるから、焼けて黒く変色しただけだ」とのこと。つまり、私の健康状態は問題なしということだった。

この血の腸詰めも、最初はいろいろ困惑したものの、その後何度も内蒙古自治区やモンゴルを訪ねてご馳走になるうちに、なんとか食べられるようになったので、翌朝は大草原でもりもりと黒いウンチをするのである。

【ヤギ】　くさい度数　★★★

ヒツジと近縁のヤギの肉は、さらにくさい。

ヨーロッパ系のヤギはほとんどが乳用種だが、アジア、アフリカ系のものは大部分が肉用種で、その肉の特有のにおいを、日本人の大半は苦手とする。鼻をつくような強烈な臭気ではないが、口に入れてからじんわり襲ってくる陰湿なくささがたまらないのである。

しつこくまとわりつくようなその獣臭の本体は、低級脂肪酸および揮発性塩基化合物（アミン類やジアミン類）で、肉のみならず生きているヤギの体からも強く発せられる。メスよりもオスのほうがにおいが強く、とくに去勢していないオスの臭気は尋常ではない。動物園などで放し飼いにされているオスのヤギを見つけたら、においを嗅いでみるといい。そんなに近づかなくても強い体臭に気づくはずだ。

しかし、何事も慣れである。ヤギに限らず、強い獣臭は哺乳類全般に共通するもので、日頃から食べ慣れていると、豚や牛の肉のにおいなどはほとんど気にならず、むしろ、そのにおいを含めてうまいと感じるはずなのである。食べ慣れてくると、ヤギも同じなのである。

中南米、中東、西アジア、中央アジア、中国東北部などの山岳地帯や牧草地帯では、ヤギの肉は最高の食べものとされている。日本でも、沖縄県では昔からヤギ料理を「ヒージャー料理」といって珍重してきた歴史がある。だから、おいしい食べ方をよく知っている。

以前、沖縄本島の金武《きん》町を訪ねたとき、友人たちがヤギ料理でもてなしてくれたことがあった。このときも、ヤギを解体するところから調理法まで一部始終見せてもらった。

まず屠《ほふ》ったヤギの後ろ足を縛り、頭を下にして木にぶら下げた状態で頸《けい》動脈を切り、血抜きをする。この血は無駄にせず、小桶にとっておいてあとで料理に使う。次にヤギの表面（皮）を火で丹念に焼き、全体に焦げ目がついたところで火からおろし、4～5人の男たちがそれを担いで海辺まで下りていき、解体を始める。内臓のほとんどは捨てることなく、料理の材料となった。

驚いたのは、取り出した内臓の各部位に、豆腐のおからをからめてよくもんでいたことである。「なぜそんなことをするの？」と聞いてみると、内臓は一番くさみの強いところなので、それをとるためだという。おからで獣臭を消すとは、じつにおもしろい発想だ。

下処理が終わったあと、ヒージャー汁づくりが始まった。ヒージャーとはヤギのことで、沖縄では客人が来たり、大きな祝い事があると、このヒージャー汁を豪勢にふるまうのが倣《なら》いである。モンゴルのヒツジ料理と同じである。沖縄のヒージャー汁のつくり方も、大胆かつ簡潔だった。

ふた抱えもあるような大きな鍋に、肉や皮、臓物まで、適当な大きさにぶつ切りして、ごろごろと2～5時間煮込んだあと、ヨモギの葉（フーチバー）をたくさん入れて、塩、おろしショウガで味を調えればできあがりである。これを熱いうちにフーフーいって食べるのだ。ヨモギの葉がたっぷり入っているので、独特のヤギのにおいがやわらぎ、さっぱりと食べられる。何度も食べてこの汁の真髄を知れば、どんどんやみつきになっていく。私はこのとき丼で5杯もおかわりをしたほどである。

この宴には、「ヤギ肉の刺身」も出てきた。これも私の大好物である。刺身になるのは焦げた皮付きの赤身肉のところで、その部分は不思議なことにほとんどヤギのにおいがない。皮のゼラチン質のコリコリした食感に、赤身肉のシコシコさがよろしく、そこに焦げのスモーキーなにおいも加わって、何ともいえぬ強烈な野趣味がたまらない。すかさず、南国の火の酒、泡盛をグビリ、ガブリとあおる。郷土料理には、やはりその土地の酒がよく合う。

次に出てきたのが「ヒージャーヌチーイリチャー」だ。お経のような名前だが、これは「ヤギの血の炒めもの」という意味である。ヤギの肉や内臓を細かく切り、解体したときにとっておいた血とともに、ニンジンやニンニクの葉などと油で炒め、塩と醬油で調味する。ヤギ特有のにおいのほかに、火で燻《いぶ》された煙臭もついていて、かなりパンチのきいた逸品である。ニンニク醬油で食べるのが一般的で、おろしショウガを薬味にする人もいる。目には目を、くさいにおいにはくさいにおいでマスキングする戦法である。

ヤギ臭があまりにも強烈なので、血のにおいはさして気にならない。むしろ、血を入れたことによって味に深みが出て、じつにうまい。

【シカ】　くさい度数 ★

シカ肉のにおいも、賛否両論分かれるところだ。

日本では、ニホンジカという小型のシカが広く分布していて、奈良のシカをはじめ、信州や岐阜の山地などに生息しているのはこのニホンジカである。一方、北海道にいるのがエゾシカである。こちらはとても大きなシカで、体重が100キロを超えるものも珍しくない。いずれのシカも今は増え過ぎて農産物や山林の食害禍が起こっている。そのためどちらも食用とされているが、「シカ肉なんてくさくて食べられたものじゃない」といった声を耳にすることがある。

しかし、シカの肉は、欧米では高級肉として人気が高い。とくに、ドイツやスイス、フランスなどではとても高価で、よく食べられているが、シカの肉がくさいなんて話も聞いたことがない。

なぜ日本では「シカ肉はくさい」というイメージが強いのだろうか。じつはこれは下処理の仕方に理由があり、シカのような野生動物は、下処理の仕方を誤ると、一転、きわめてくさい肉となってしまうのだ。

シカは膀胱の脇に強力なにおいを詰めた袋をもっている。これは縄張りを主張するマーキング用のにおい袋（別名「小便袋」）で、尿をするたびにその袋からにおい成分が尿の中に分泌され、自分のテリトリーににおいをまき散らすしくみになっている。そのにおいは、いわゆる獣臭というやつで、激烈なほどくさく、シカに限らず、野生動物の多くは同じようなにおい袋をもっている。

通常、くさい成分はそのにおい袋の中に納まっているので、シカを解体するときに手順を誤ると、肉にもにおいが移って大変なことになる。逆にいうと、上手な処理の仕方をすれば、肉はほとんどにおいを感じることがない。具体的には次の2つがポイントとなる。

ひとつは、解体するときににおい袋を最初に外すことで、その際、尿道に付いている袋を決してつぶさないようにていねいに取り除くことである。

そしてもうひとつは、シカは血液にも強烈なにおいがついているので、シカを仕留めたら、その場ですぐに血抜きすることである。これをしないと、血液を通じて全身の肉に獣臭が回って、くさくてとても食べられなくなる。

この2点をしっかり押さえて下処理すれば、シカ肉のにおいはほとんど抑えられる。

北海道では、エゾシカの肉を使ったステーキやハンバーグのほか、刺身でも食べさせてくれるレストランもあるが、生肉をおいしく食べられるのも、そのような処理がきちんとなされているからである。

昔は全国各地に野生のシカがたくさんいてかなり食べられていた。味噌煮にして食べるのが一般的で、余った肉は味噌漬けにしてそのつど焼いて食べていたようだ。

北海道では開拓が進むにつれてシカは棲《す》む場所を失い、その数がどんどん減っていったが、野生動物の保護運動や猟師の高齢化により、90年代後半頃よりエゾシカの増加が急激となり、農産物の被害が問題となった。そのためエゾシカを食用資源として盛んに活用するようになったが、獲るよりも増える方が先行しているので、頭を抱えているのが現状である。

カレーやから揚げ、ローストなど、さまざまな食べ方があるが、何といっても一番うまいのは、熱い鉄板でじりじりと焼いたものだ。シカ肉を好んで食べるヨーロッパではその食べ方が最も多い。スイスでは、クリスマスや正月にはシカの丸焼きが出され、スウェーデンの北方では、ブロシェットというシカ肉の串焼きが名物である。

私がドイツのプリニンゲン村で食べた野生のシカ肉のステーキは、仰天するほどうまかった。ドイツはシカ肉の消費が世界一多い国だが、その料理にはシカ肉料理の伝統が染み込んでいて、肉を噛みしめるたびに野生のうまみが口の中にあふれるほどであった。すばらしいオーケストラを鑑賞したあと、しばらく旋律が耳に生々しく残るように、あのときの感激の味はいまだ記憶に残っていて忘れることができない。

【イタチ】　くさい度数 ★★

イタチは天敵に追われて、いよいよ危ないという絶体絶命のピンチに追い込まれたとき、肛門の近くにある腺から恐ろしくくさいにおいを放つ。「イタチの最後っ屁《ぺ》」と呼ばれるものだ。敵がそのにおいに怯《ひる》んでいる隙に、イタチはドロンといなくなる。いってみれば隠遁《いんとん》の術である。

幼い頃、近所の大工の棟梁が、実際に〝最後っ屁〟をくらったときの体験談を次のように聞かせてくれた。

「イタチを追いかけて、さあて捕まえようとしたときだ。奴は苦し紛れに俺様に向かって一発見舞いやがったんだ。そのときのくさいの何のって、一瞬目がかすんで昏倒するほどだったんだがね、じつはそのとき、俺は不思議なものを見たんだよ。イタチの尻の周りの空気が黄色にかすむのをさ」

おそらく空気が黄色にかすむなんてことは、実際にはあり得ない。たぶんあまりのくささに棟梁の目がかすんでしまったのか、あるいはそれほどイタチの一発がひどい悪臭だったことを、子どもの私に伝えようとしたのだろう。なにしろ、鼻がひん曲がるほどのにおいだと聞く。

屁の話ばかりしてしまったが、問題は屁のくささではなく、食べものとしてのイタチの肉のにおいである。私はイタチを食したことがないが、くさい屁を内蔵しているくらいだから、肉もくさいことは容易に想像できる。

じつはイタチを食べた人の話を聞いたことがある。肉はやはりにおいが強かったという。ならば鼻をつまんで食べたのかと尋ねたら、「鼻をつまんで食ったら味がわからなくなるよ」とのこと。確かにそのとおりだ。彼によれば、肉のにおいを消すためにネギを多量に使ってすき焼き風にして食べたところ、肉はカチカチに硬くなったが、においは薄らいで「ほれぼれするほどの味だった」そうだ。イタチの味を教えてくれたのは、あとにも先にもこの人だけである。だから、誰にとっても「ほれぼれするほどの味」かどうかはわからないが、くさいのは間違いないようだ。

ちなみに、最後っ屁をする動物としては、スカンクもよく知られている。スカンクは、日本では「くさいイタチ」と呼ばれていたこともあるが、イタチと同じように外敵に襲われたとき、肛門腺からひどい悪臭のする分泌液を噴射する。その噴射液は5メートルほど先まで届くといわれ、万が一、家の中で発射されたら、しばらくそこには住めなくなるほど凄《すさ》まじいにおいらしい。

アメリカでは、スカンクの毛皮が人気であることから、肛門腺を切除したスカンクの養殖が盛んに行われている。この無臭化スカンクの肉はクセがなく、うまいといわれているが、今日ではそのすべてがペットフード用の原料となっているという。

【イノシシ】　くさい度数 ★

野生のイノシシの肉は、上手に処理されていないととてもくさいのだが、味の方はまことにもって美味だ。最近は野生のイノシシではなく、飼育されたイノシシや、野生のイノシシに豚を交配したイノブタが多く猪肉《ししにく》として流通している。

野生のイノシシの肉が手に入ったら、だいたい3つの方法で賞味するのが一般的である。そのひとつはオーソドックスに「ぼたん鍋」。イノシシの肉は濃い赤色をしているが、脂身は対照的に真っ白である。その美しいコントラストを生かして、薄くスライスしたロース肉を花びらのように盛りつけていくと牡丹の花のように見える。これが「ぼたん鍋」の名の由来のひとつとされるが、要はすき焼きのようなもので、味噌仕立てで食べるのが最もうまい。熱々の肉をハフハフしながら野菜やイトコンニャクなどと一緒に食べている私の姿は、もはや畑のジャガイモを貪るイノシシのごとしである。ちなみに、ぼたん鍋をはじめ、イノシシ料理によくダイコンが使われるのは、ダイコンが肉のクセをとり、くさみも消すからだが、そこにギンナン（銀杏）を少し加えると完璧となるという。ダイコン（↓212頁）もギンナン（↓190頁）もくさい食品なので、くさいもの同士はたいていい相性がいいのだろうか。

2つめの賞味法は、炭火焼である。アバラの三枚肉を炭火で焦がすほどに焼いてから塩を少しふり、カリカリになった脂身を口に含むと、香ばしい焦げのにおいがふわっと広がり、噛むほどにうまみとコク味と甘味がわいてきて、極上の豊かな味わいを愉しめる。

3つめの食べ方は、味噌漬けだ。脂身の多いロースを味噌に漬け、3日目ぐらいのちょうどよく漬け上がったものを炭で直火焼きすると、これがもう絶品である。ごはんのおかずにしたら、茶碗山盛り3杯は軽くいける。炭で焼くのが難しい場合は、フライパンに軽く油をひいてじっくり焼いたり、オーブンで炙《あぶ》り上げてもいい。味噌の風味がイノシシの肉の中にも深く染みわたっているから、それを焼くと肉の香ばしさだけでなく、味噌からも香ばしさが湧き立って、舌の上で抜群のうまみのハーモニーを奏でてくれるのである。

ところで、イノシシは肉だけでなく、レバーもうまい。これを教えてくれたのは、イノシシ狩りの名人で、八溝《やみぞ》山脈を知り尽くしている通称「義《よ》っしゃん」だった。「八溝のターザン」ともいうこの人は、本書でこの後もたびたび登場するので名前をぜひ覚えておいてほしい。義っしゃんの家へ冬に遊びに行ったとき、ちょうど仕留めたばかりのイノシシを解体するところで、「絶品のレバーを食わせてやる」という。せっかくなので、解体現場も見学させてもらった。

イノシシはすでに仕留めた直後に頸《けい》動脈を切って血抜きされ、下腹部の尿道近くにあるにおい袋も取り除かれていた。前出のシカと同じで、におい袋の中にはイノシシが縄張りを主張するときに尿に混ぜて出すにおいの素《もと》が納まっている。だから、仕留めた直後に除去しないと、肉全体に強烈な獣臭が回って不味い肉になる。また、取り出すときに傷つけたりつぶしたりすると、さらに凄《すさ》まじい激臭が肉について、食えた代物ではなくなるのだそうだ。義っしゃんはこれまで一度もこのにおい袋をつぶしたことはない、と胸を張る。

そして自己流ながら、じつに理に適《かな》った見事な手さばきで解体していった。ちょうどアンコウの吊るし切りのように、巨大なイノシシを大木に吊るし、ゴワゴワした皮を剝《は》がしたあと、内臓を取りだし、肉や骨を切り分けていく。摘出した内臓のうち、心臓と肝臓、性器、腸の一部は臓物料理用にとっておき、あとはイノシシ狩りの相棒である犬に煮て食べさせるといっていた。

私には約束どおり、絶品のレバーをいろいろな調理法でご馳走してくれた。

最初の料理は、囲炉裏の焚《た》き火の周りで焼く「串に刺した肝焼き」だった。イノシシの肝臓（猪肝）を、麻雀パイよりひとまわり大きいサイズに切り分け、塩、サンショウの粉、七味唐辛子をふってそのまま焼くのだ。「炙肝《あぶりぎも》」である。血抜きもせずに串に刺して焼くのがなんとも豪快で野趣味満点だった。さっそくガブリとかぶりつくと、それはとてもクリーミーで濃厚で、肉を食べる本能をくすぐられるような野生のにおいがした。

炙肝に夢中になっているうちにも、目の前の囲炉裏の火の上には自在鉤《かぎ》に吊るされた鍋がぐつぐつ音を立てている。これまた義っしゃんオリジナルの「肝鍋《きもなべ》」だ。適当な大きさにぶつ切りにした猪肝をダイコン、ネギ、ニンジン、豆腐、コンニャク、ハクサイなどと共に味噌で煮込んだものである。コク味のある料理で、熱々の猪肝を口に入れると、とろけてしまうようにねっとりしていて、歯で軽く噛むと濃厚なうま汁がとろりと出てきて、たまらないうまさである。一緒に煮た野菜や豆腐にもうまみがほどよく染みわたっていて抜群に美味だった。冬の寒い日だったが、フーフーいいながら肝鍋を何杯も食べている間はずっと、玉のような汗が全身から流れていた。この鍋の残りを翌朝ごはんにかけて食べるのも、最高にうまいということである。

そのあと、さらに驚くほど美味な猪肝の「なめろう」をつくってくれた。猪肝を湯で軽く煮てから、すり鉢に入れて、猪肝と同じくらいの量の味噌を加え、さらにネギのみじん切り、酒、みりんで味を調え、すりこぎでゴリゴリとすればできあがり。それを肴に熱燗を飲む。もはやこれ以上の組み合わせがあるだろうかというほどすばらしいマッチングだ。

猪肝のなめろうを箸の先でちょんとつまんで口に入れ、舌で口内に広げるようにすると、肝のねっとりした濃味と味噌の奥味、さらにネギの辛味と香りが一体化して絶妙な味わいとなる。

結局、その日は2人で猪肝の炙肝と肝鍋、肝のなめろう3品で1キログラムぐらいの肝を平らげ、ついでに酒も2升ほど空にした。気づいたときには夜が明けてきて、八溝の山々にチチ、チチと小鳥のさえずりが聞こえ始めていた。

【タヌキ】　くさい度数 ★★★

タヌキの肉はとかく評判が悪い。私も食べたことがあるが、調理前の肉はそれほどひどい悪臭がするわけではないのだが、料理して口に入れるとしつこいにおいが鼻につくうえに、あまりうまくない。ちょうど動物園のタヌキの檻の前へ行ったときのような、泥臭さと尿臭が混じったような不快なにおいに襲われる。これはタヌキが雑食性で、口に入るものは何でも食べるためといわれている。

くさくて不味いなんて、およそ食べものとしては不向きなわけだが、タヌキは日本ではずいぶん昔から食べられてきた。昔は野生動物が貴重なたんぱく源だったので、うまいものだけを選んで食べている場合ではなかったのであろうが、古人は少しでもタヌキをおいしく食べるため、知恵をしぼっていろいろな料理法を試みてきた。タヌキ汁はその代表である。

タヌキ汁の最も古い記述は、室町時代に編纂された『大草流《たいそうりゅう》家元料理書』に遺されている。それは次のような内容だ。

「焼皮料理ともいふ。但しワタを抜き、酒の粕をすこし洗ひて腹の中に入れて則《すなわ》ち縫ひふさぎ、泥土をゆるゆるとして、よくよく毛の上を泥にて塗り隠し、ぬる火にて焼き候なり。焼やうのこと、下に糠を敷き、上にもかけて蒸焼にして土を落とし候へば、毛ともに皆土にうつり候を、そのまま四足をおろし、なまぬるい湯によき酒、塩はいかにも影塩してさし候なり」

さらにその後、香味野菜を使ってくさみを抜き、うまさをより高めようという調理法が出てくる。また、江戸時代に著された『料理物語』には、「身をつくり候て、松の葉、大蒜《にんにく》、柚《ゆず》を入れ、古酒にて煎り上げ、その後水にて洗ひ上げ、酒塩かけて候て汁に入れてよし」とある。同時期に書かれた『屠龍工《とりょうこう》随筆』には「肉を入れぬ先、鍋に脂をわけて炒りて後、牛蒡《ごぼう》、大根など入れて煮たるがよしと人のいへり、されば蒟蒻《こんにゃく》などを油で炒めて牛蒡、大根を混へて煮るを名づけて狸汁といふなり」とある。

こうした古人たちの努力には頭が下がる。しかし、残念ながらタヌキ肉の〝異臭問題〟は、結局解決できなかった。そしていつしかタヌキ汁というと、タヌキ肉の代わりにコンニャクを入れたものが定番となった。これは仏教で肉食が禁じられたことにより、精進料理のひとつとして寺で考案されたといわれているが、解禁になってからも、本物のタヌキの肉を使ったタヌキ汁が一般に広まることはなかった。

なお、中国には「果子狸」という料理があるが、これはタヌキでなく、果物だけで育てた山猫（ハクビシン）の料理で、肉は脂がのってクセがなく、豚肉に近い質をもっている。

【キツネ】　くさい度数　★★★

タヌキの話が出たので、ついでにキツネの話もしておこう。タヌキの肉はくさくて不味いといっても、先ほど話したように昔からタヌキ汁などにして一部で食べられてきた。これに対してキツネは、タヌキと同じように毛皮を目的に狩猟の対象とされてきたのに、キツネの料理について聞いたことのある人は少ないと思う。もちろん、キツネうどんは論外。

なぜなら、キツネの肉は、タヌキの肉を上回るほどのくささと不味さを兼ね備えた代物だからである。私は食べたことがないが、キツネを食べた人の話では、それはそれはくさい肉だといっていた。この世の中で最も悪臭にまみれた肉といってよく、とても食えたものではないという。

キツネの悪臭は、主に縄張り主張用の小便のにおいに由来する。キツネは非常に縄張り意識の強い動物なので、マーキングにも使われる尿は格別にくさいのである。どんなにおいがするのか気になる人は、動物園のキツネの檻の前へ行ってにおいを嗅いでみるのもひとつの方法だ。

【クマ】　くさい度数　★

クマは昔から日本で狩猟の対象とされてきた野生動物である。一番の目的は肉を食べることではなく、もっぱら皮と胆を取るためだった。

クマの皮はなめして用いることにより、すぐれた防寒具として重宝された。胆は胆嚢《たんのう》のことで、「熊胆《くまのい》」とも呼ばれる。これを乾燥させたものは、強い苦味を有し、小児の諸症状、健胃、利胆に効果を発揮するとして、古い時代から民間薬として珍重され、現在でも、熊胆は漢方生薬のひとつとなっている。

では、毛皮や胆を取ったあと、「肉は捨ててしまっていたの？」と気になるだろうが、もったいない精神の強い日本人はそのようなことはしない。クマの命を粗末にしないためにも、食用として有り難くいただいてきた。吸いもの、田楽、味噌漬け、鍋ものなどにして食べられてきたが、その食味の評判は著しく好評である。

私が滋賀県長浜市余呉《よご》町の民宿で何度か賞味したクマ鍋も、驚くほどうまかった。クマの肉を薄くスライスして大きな平皿にたくさん並べ、それを特製の味噌ダレの入った土鍋に少しずつ入れて、ネギ、シイタケ、ハクサイ、イトコンニャク、豆腐などと共に煮て食べたのだが、まことにもって美味だった。ことに真っ白な脂肪から出てくるコクはじつに上品で、獣臭などまったくない。その意味では、この本にふさわしくないのだが、あらぬ誤解をとくためにあえて載せることにした次第である。

クマの肉がうまいことは、中国でクマの掌を使った料理が〝八珍料理〟のひとつに挙げられていることからもわかる。その名も「熊掌《シュンジャン》料理」。とくに左の掌が美味として珍重される。その理由は、クマは元来左利きなので、蜂の巣の蜜をなめるときに必ず左手（左前脚）を使うことから、左の掌にはうまみが染み込んでうまいというわけだ。なかなか洒落《しゃれ》のきいた話である。だけどその理屈なら、クマの舌のほうがもっとたくさんのうまみが染み込んでうまくなるはずと思うが、そんな無粋なことは考えないようにしよう。

ちなみに、日本でも昔からクマの掌が食べられてきた。江戸時代まで寺子屋の教科書として使われていた『庭訓往来《ていきんおうらい》』には、塩肴の名を列挙したところに「熊掌《くまのたなごころ》」という記述がある。塩漬けにしたクマの掌を酒の肴にしていたのがわかる。

現在でも一部の高級中国料理店で、クマの掌を食べることができる。「大燉熊掌《タアトンシュンジャン》」はその代表で、大きな土鍋を使って弱火でとろとろとゆっくり煮てつくるスープだ。クマの掌の主体はゼラチンなので、煮込んでいくうちにゼラチンがどんどんスープに溶け出てきて、コクのあるスープができあがる。ちょうどスッポン鍋のような感じである。

クマの掌はインターネットでも販売されている。私がたまたま目にした冷凍の北海道産ヒグマの掌は、両手一対で10万円を超えていた。これを調理するには、毛を抜いたり、タコができている部分を取り除いたり、生ぐさみを消したりするための下ごしらえが結構大変だが、それでも食べてみたいという好奇心旺盛な方はぜひ挑戦していただきたい。調理済みの冷凍品なら、もっとお手頃な価格で入手できる。

【カンガルー】　くさい度数 ★

カンガルーの肉も、食べ慣れていない人はちょっと抵抗があるかもしれない。私のようにこれまで世界中のくさいものをあれこれ食べてきたような人間にとっては、牛肉などよりクセがなく、さっぱりした印象が強い。それでも「くさくて苦手」という声が意外に多いようなので、ここで取り上げてみた。

オーストラリアでは基本的に野生のカンガルーを保護する政策をとっているが、生息数が増えすぎた一部の種類については捕獲し、食用として販売することが許可され、国内外に広く流通されている。日本でもインターネットなどを通じて入手できる。カンガルー肉という名ではなく、「ルーミート」と呼ばれることもあるようだ。

以前、オーストラリアでこのカンガルーの肉を石焼きで賞味したときは、まことにもってうまかった。カンカンに熱した石の上にカンガルーの赤身のヒレ肉をのせると、ジューッという音がして、それを1分くらいそのままにし、今度は肉をひっくりかえして裏側もジューッといわせて約1分。石の熱で両面が白くなった肉を皿に取り、あとは塩をパラパラッとふりかければできあがりだ。焼き石の上で焼いて食べるステーキがこんなにうまいかと心底驚いた。

肉にナイフを入れると、中のほうはまったく火が通っていないので色は赤い。しかし、石焼きのせいか、カンガルー肉のせいか、牛肉のレアのように血が滴るようなことはなく、とてもジューシーな感覚がした。それを口の中へ入れて噛むと、思わず「おっ」という声が出た。舌にとろりとからみつくような食感のカンガルー肉は、噛むたびにジューシーなうま汁が肉の中からチュルルル、チュルルルと湧き出てきたのである。それはそのはずで、肉の表面が熱で見事にコーティングされ、うま汁が肉の中に閉じ込められていたのである。

カンガルーの肉を食べてみたいけど、くさかったらイヤだなと迷ってなどいないで、案ずるより産むがやすしなのだから、食べてみるべきだ。口コミの評判を参考にするのもいいが、うまいかどうかは自分で判断するのが一番で、石焼きステーキのほか、バーベキューや串焼き、ソーセージなどもうまいと聞く。オーストラリアに旅する機会があればぜひおすすめする一品だ。

【ウサギの肉と脳みそ】　くさい度数 ★

外国では肉用種のウサギが何種か存在する。とくにベルジアン種とフレミッシュ種は有名だ。前者はベルギー原産の灰褐色のウサギで、後ろ足と耳が長く、体重は3・5キログラムぐらいある。後者のフレミッシュはフランス原産で、こちらは体重がおよそ8キロにもおよぶ。

西欧ではローストシチューによくウサギを用いるが、スープ蒸しにしたり、ワインにつけて網焼きにする料理もよく目にする。また、野ウサギも広く売られているが、クセのあるにおいは料理に牛乳を使うことによって完全に消すことができるという。あるレストランのシェフから聞いた話では、食用種でも野ウサギでも、生後8ヵ月の雌が最もうまいということである。

ウサギの肉は赤色が濃く、ぴょんぴょん飛び回るせいか筋肉隆々《りゅうりゅう》で少し硬いのが特徴である。私のような赤身肉好きで、なおかつ硬い肉でないと食べた気にならない者にとっては垂涎《すいぜん》の逸品といえる。

私は多少のくさみなど気にならないから、塩とコショウをふっただけの炙《あぶ》り肉が大好物である。炙ったウサギの肉を歯と手で引きちぎって食うとき、ああ生きているなあと実感するのである。

日本でこんな話をすると、あたかも野蛮人のごとき扱いを受けることがある。ウサギを食べるなんて信じられないというわけだ。しかし、日本では肉食が禁じられていた時代でも、ウサギは食べていた。「ウサギは鳥の一種だ」とうそぶき、貴重な動物性たんぱく源としてきたのである。ウサギのことを1羽、2羽と数えるのは、その名残とされている。

ウサギの肉のくさみはそれほどではないが、脳みそとなるとやや別だ。以前私は、福島県から茨城・栃木の県境にかけて広がる八溝《やみぞ》山地で、前出の猟師で友人の義《よ》っしゃんと野ウサギ1羽を丸ごと余すことなく堪能したことがあったが、脳みそのくさみはかなりハイレベルのものであった。

その日、義っしゃんの手には、戦利品の野ウサギ2羽が携えられていた。義っしゃんは、小屋に到着するなりさっそく野ウサギ2羽を解体し、台所でウサギ料理をつくり始めた。いったいどんな料理が出てくるのか愉しみで、心をわくわく躍らせながら、ねじり鉢巻き姿の義っしゃんの雄姿《ゆうし》を見ていた。

精悍《せいかん》な体つきをしている義っしゃんは、出刃包丁をつかんで、皮をはいだウサギを頭部、胴、足などに切り分けていった。そして、ほんのひとふりの塩でそれらをゆでたあと、やおらウサギの頭を2つに割った。私がびっくりしていると、今度はその割った頭の中に大きなスプーンを入れて、白くふわふわしたものをすくいだし、鉄鍋に手際よく入れていく。

「いったい何ができるんだい?」

堪《たま》らずに聞くと、義っしゃんは「ウサギの脳みそのうどん鍋だわい」と得意満面の笑顔で答えた。初めて耳にするその料理名に、私のわくわく度はピークに達した。そのつくり方は次のようなものだった。

2羽のウサギの頭から取り出した脳みそを、ダシ汁の入った鉄鍋に入れ、とろとろになるまでよくつぶしたあと、約3合の日本酒をガボガボと大胆に注ぎ込み、脳みそをふわふわとさせたら、そのまましばらく煮てアルコール分を追い出す。そして、少量の味噌と塩で調味し、キノコや山菜、うどんの麺を入れてぐつぐつと煮込み、最後にぶつ切りのショウガとみじん切りのネギをパラパラとまいてできあがりだ。

舌がやけどするくらいに熱いうちに椀に盛って口に入れると、これがなかなかくさい。思わず持参した本醸造酒をガブリと飲むと、両者の風味が不思議なくらい相和して、上品なコク味と奥味が口の中に広がった。

【豚肉の熟鮓】

くさい度数　★★★★

熟鮓《なれずし》というと、「鮓《すし》」という言葉が入っているせいもあって、日本では魚の発酵食品というイメージが強いが、魚以外の熟鮓もある。

たとえば中国・広西壮族《カンシーチワン》自治区には、豚肉を原料に熟鮓をつくる少数民族がいる。トン族である。この地域の村長さんの家へ招かれて行ったとき、10年前に漬けられたという豚肉の熟鮓を見せてもらった。

ふつう豚肉の脂肪は時間が経つにつれて酸化が進み、ひどい悪臭を放ったり、褐色に変化したりしていく。ところが、村長さんが見せてくれた10年ものの豚の熟鮓は、肉の部分がみっちりと締まっていて、脂肪の部分も白いままで、酸化が進んだ様子はまったくみられなかった。これには私も驚いた。

おそらく、発酵・熟成の過程で増えた乳酸菌などの発酵微生物が、酸化を抑える物質（抗酸化物質）を生成しているのだと考えられる。

もしもその菌を特定できたら、他の食品の保存にも広く応用できる可能性が拓けてくる。それを利用することによって、将来的に酸化防止剤の食品への添加は必要なくなるかもしれない。人類にとって福音のひとつが、このような少数民族の食卓から出てきたなどということになったら、それこそすばらしいことである。

そうそう、本題のにおいだが、もちろん豚の熟鮓にも、熟鮓特有の強烈なにおいがある。しかし、それは決して悪臭ではなく、熟鮓好きの人間にとってはむしろ食欲をそそる芳《かぐわ》しいにおいである。

日本では、熟鮓のにおいやうまさは大人にならないとわからないと考えがちだが、広西壮族自治区に暮らすトン族の子どもたちは、豚肉の熟鮓を当たり前のようにおやつとしてうまそうに食べていたのが印象的だった。これだと、鼻の発達もよくなり、将来、たくましい人生になるであろう。

なお、海外で熟鮓を食べる機会があったときは用心することも肝腎である。地元の人たちにとってはまったく問題ないものであったとしても、食べ慣れていない日本人が口にすると体調に異変を生ずることが大いにある。実際に、以前カンボジアのラタナキリへ調査に行ったとき、地元の人たちが私たちにすごいにおいの豚レバーの熟鮓をふるまってくれたのだが、そのあとわが調査隊のほとんどがおなかを下し、なかには脱水症状で危険な状態に陥った人もいたのである。

ところがなぜか私はなんともなかったのだが、日頃の腸の鍛錬なのかもしれない。

【牛肉の熟鮓】　くさい度数　★★★

前出の中国・広西壮族自治区に住むトン族の村長の家では、牛肉の熟鮓もつくっていた。これも私にとって初めて目にするものだった。つくり方はいたって簡単で、牛のすね肉を薄くそぎ切りにして塩をふり、その上からニンニクをつぶしたものにトウガラシの粉を混ぜた香辛料をまぶして壺に入れ、重石をして5日間発酵させたものだという。

いったいどんな味がするのだろうと興味津々で口に入れると、シコシコとした噛みごたえがじつに心地よく、かすかな酸味の中に重厚なうまみが口に広がり、そこに香辛料のピリ辛が攻めてくる。思わず目を閉じて「うまいなあ」とつぶやいた。中国の食の底の深さに、あらためて感心した次第である。

あまりの嬉しさに、牛の熟鮓を頬張りながら、村長がふるまってくれた自家製の白酒《パイチュウ》を飲んでいたら、熟鮓の生ぐささと強烈なニンニクのにおいに、白酒のくささが加わって、口と鼻の中が地獄のようなありさまとなり、ついにぶっ倒れてしまった。

【豚と牛の生殖器詰め】　くさい度数 ★★

中国の腸詰めは、とにかく種類が豊富だ。詰められるものは何でも詰めてしまうという印象さえある。血の腸詰めについては前述したが、福建省の廈門《アモイ》の裏街で見つけた腸詰めも凄《すご》かった。それは偶然出合ったもので、ある店の腸詰め職人に声をかけられたのがきっかけだった。

「ダンナ、この腸詰めを食べれば疲れなんて吹っ飛ぶよ。元気出るだけでないね。いろいろのところ出るよ。夜に春が3回も来るよ」

そんな妖しげなことをいうものだから、つい興味が湧いてきて、燻《いぶ》し上がった腸詰めを5本も買ってしまった。それは豚や牛のペニス、睾丸《こうがん》、子宮などを混ぜて叩いてペースト状にし、そこにニンニク、蛇肝《ジャタン》、ニンジン、鹿茸《ろくじょう》、什開《そうずく》、熟地《おきひめ》、碇草《いかりそう》といった強壮効果のある生薬を加えてさらに叩き、腸に詰めて炭火で炙《あぶ》ったものだった。

宿泊先に戻ってから、白酒《バイチュウ》の肴として食べてみたら、これが意外にうまい。驚くほどうまくて、5本ぺろっと平らげてしまった。すると、なんだか体がポッポと熱くなってきて、「もしかしてあの親父のいったことは本当かもしれぬ」などとほくそ笑んだものの、いつの間にか寝てしまって、目が覚めたときには、別にどこかが出たわけでもなく、体のポッポも消えていた。酒のせいで熱くなっていただけかもしれない。

ちょっとがっかりしたが、それでもうまかったので満足した。私自身、くさみは感じなかったが、ニンニクなどにおいの強いものがたっぷり入っていたので、翌日、周りの人間は相当迷惑したようだった。

【白カビサラミ】　くさい度数　★★

西欧のくさい腸詰めとしては、白カビサラミがある。

主にブタのひき肉に塩やハーブ、スパイスなどを混ぜて腸に詰め、低温で乾燥・熟成させたものをサラミと呼ぶが、白カビを使って豚肉の脂肪やたんぱく質を分解・熟成させてつくったものが、白カビサラミである。

白カビサラミは、フランスやドイツ、ハンガリー、スペイン、イタリアといったヨーロッパでつくられてきた伝統的な発酵食品で、最近は日本でも製造・販売しているところが増えてきた。

国や地域、製造者によって材料やつくり方が異なるため、形状はもとより、味・食感、そしてにおいもさまざまである。日本では、においの強いものより、カマンベールチーズを思わせるような風味と、とろける食感を特徴としているものが人気のようだ。

白カビは人体に害のないものなので、付着したまま薄くスライスして酒の肴にすると絶品である。白カビが気になる人は、カビが付着した表面の皮をとって食べてもよい。サンドイッチの具や、ピザのトッピングにも活用できる。

【カエル、トカゲの熟鮓】　くさい度数　★★★★

中国には豚や牛の熟鮓にとどまらず、想像を超えた食材でつくった熟鮓がいくつも存在する。広西省の大傜山《ダーヤオシャン》周辺に住むヤオ族の村では、家畜の肉のほか、クマやヤマネコ、シカ、サル、イノシシ、ウサギといった野生動物、野鳥、さらにはカエルやトカゲなどの肉を漬けた熟鮓がつくられていた。

「なぬなぬ、カエルですと？　トカゲですと？」

そんな声が聞こえてきそうだが、それらは次のような手順で漬け込まれる。漬物用のかめの底にカエル（またはトカゲ）の肉を敷き並べ、その上に煎《い》ったコメの粉と塩を混ぜ合わせたものを肉と同じくらいの厚みにのせて、さらにその上に肉を並べていく。これを繰り返して、一番上に煎米粉と塩をのせて蓋をし、発酵させる。すると、3ヵ月経った頃から酸味が出てくるらしい。その酸味から、当地ではこれらの熟鮓を「醋肉《ツウロウ》」と呼んでいた。

熟鮓だから、当然のごとく猛烈にくさい。しかし、ここまでくると、もはやくさいことなど「それがどうした」という気になってくる。

ちなみに、カエルもトカゲも、それ自体の肉はくさくない。ひとことでいうと、鶏肉によく似た食味である。それもブロイラーの類ではなく、昔ながらに放し飼いをして、残飯をついばみながら育った「本がしわ」の食味である。つまり、うまいのである。

カエルの肉は、本がしわより少しあっさりしていて、生ぐささはあるものの、肉に細やかな甘味と上品なうまみがあるのが特徴だ。

中国ではカエルのことを「田鶏《ティエンジー》」（または「水鶏《シュイジー》」）とも呼び、古い時代から食されてきた。私も中国へ行くと必ずカエル料理を賞味するが、カエルを皮ごと油で揚げて出すところもあり、これがまたカリカリと香ばしく絶好の珍味である。いつもカエルのうまさについつい大食し、気が付くと自分の腹が殿様ガエルのように膨らんでいる。ミイラ取りがミイラでなく、カエル食いがカエルになる、の見本だ。

さらに中国では、カエルの乾肉を保存食としたり、薬用にも使用されてきた。たとえば、吉林名物の「媽蛤油《マーハーヨウ》」（別名「田鶏油《ティエンジーヨウ》」）は、カエルの腹部の脂肪を乾燥させて得られる寒天状のネバネバした成分で、切り傷にぬったり、精力剤として珍重されてきた。これが日本でもよく知られる「ガマの油」である。

日本のカエル食いの歴史も古い。『日本書紀』にも記載があるほどだ。味はアカガエルが最良で、私も少年時代にアカガエルをずいぶんと食べたものだが、あれはとてもうまかった。

現在でも、食用ガエルを使ったうまい料理を提供している店はある。食用ガエルにはいくつかの種類があって、アメリカ産のウシガエル、ヨーロッパ産のヨーロッパトノサマガエル、南アジアのトラフガエル、アマゾン流域のアベコベガエル、そして日本で食べられているのはウシガエルの仲間である。

トカゲも世界のあちこちで食べられている。砂漠のベトウィンは砂の中に生きるトカゲを好物とするし、東南アジアの山岳地帯の住民や、ニューギニア奥地およびアマゾン流域の原住民も好んでこれを捕食する。たいていは頭を叩いて殺してから、皮をはいで焼いて食べるのが一般的である。

ベトナムのハノイの怪しい店では、体長50センチもあるイエトカゲの春巻きを堪能した。思いがけないほど味が上品で、濃厚なうまみをもっていることに驚いた。軍鶏《しゃも》の肉によく似た味だった。春巻きをつくるときは、ライスペーパーにこのイエトカゲの肉をのせ、モヤシと生のニラ、コリアンダーを一緒にくるくると巻き、ニョク・マム（魚を塩と共に発酵させた魚醤。本書80頁参照）につけて食べる。ニラもコリアンダーもニョク・マムも、くささではトカゲの比ではないので、くさいトカゲというより、くさい春巻きといったほうが正解だ。しかし、そのうまさは絶品で、大きな春巻きを7本も食べてしまった。

ちなみに、トカゲの食味が鶏肉に似ているのは、じつは理に適っている。鳥の祖先である始祖鳥は、トカゲのような恐竜が進化して羽がついたものだからである。第二次世界大戦中に、ボルネオで2メートルもある大トカゲ（ドラゴン・リザート）を食べた人に聞いた話では、「その肉は雛鳥《ひなどり》のように白くやわらかで、味はといえば成鳥に似ていて淡白だが、肉の塊が大きいので、その味を十分に堪能できた」という。くさいかどうかは聞かなかった。

【ヘビ】　くさい度数　★★

ヘビの中で肉が最もくさいのは、アオダイショウである。生ぐさいうえに、ひどく青くさい。まさに青大将なのである。

アオダイショウのくささにほとほと辟易したのは、大学に勤務していたときのこと。探検部の学生たちが大学祭の模擬店でヘビ料理屋を開いていたので、興味津々で店をのぞきにいったら、

「先生、どのヘビにします？」

といって、奥の方から金網張りのリンゴ箱をもってきた。中をのぞくと、シマヘビ、アオダイショウ、ジムグリなど数種類のヘビがサッカーボール大に何十匹も絡み合っている。学生たちは私が驚くのを期待したのだろうが、私にとっては見慣れた光景にすぎない。なにしろ、小さい頃から野生のヘビをよく捕まえて、自分で調理しておやつ代わりに食べていたのである。こちとら年季が違うのだ。

「それじゃあ、シマヘビとアオダイショウをもらおうかな」

そういうと、学生のひとりが慣れた手つきでヘビを箱から出すと、すぐさまエイッとばかりに首を落とし、サッと皮をむき、あっというまに3～4センチの輪切りにし、ソレッとばかりに串

に3個ほど刺して焼き上げた。正直、その手さばきには感心した。勉強や研究もこれくらいの腕を発揮してくれればいいのになんて思っているうちに、目の前に素焼きが出てきた。

シマヘビの素焼きは昔よく食べていたので、そのうまさは知っていた。この日も久しぶりに食べたが、かじると甘く香ばしい味が口中に広がって、飲み込むのも惜しいほど美味だった。

次にアオダイショウに食らいつく。じつはアオダイショウを食べたのはこれが初めてだった。肉が意外に硬く、噛むのに難儀しているうちに特有の生ぐささと青くささが鼻に襲いかかってきた。まさかこんなにくさくて不味いとは思いもしなかった。一刻も早く飲み込みたいのに飲み込めない。1串わずか3切れの肉を食べるのに大変難儀したのであった。

このときの値段はシマヘビ1串300円、アオダイショウ1串200円。くさい分だけ、アオダイショウの値を安くしたのだろうか。だが、1串10円で売っていても二度と食べたくないくささであった。

ヘビの名誉のためにいっておくと、ヘビの多くは結構うまい。そもそも、動物の肉というのは、常に動いている部位ほど味が濃くて美味である。その点、ヘビは全身が筋肉だから不味いはずはない。特有の上品な甘味があり、じつにいい味をしている。肉も美味だが、煮出したスープもまさにヘビー級のうまさである。においに関しても、日本に生息しているヘビであればそれほど強いにおいはない。

ただし、ヘビのくさみは「生ぐさい」、「青くさい」と表現して正しい。ヘビ料理屋の中には、生き血を飲ませてくれたり、肝を生のまま出してくれたり、生肉のたたきをショウガ醤油で食べさせてくれたりする店もある。これらはさすがにある程度の生ぐささを覚悟せねばならない。好事家向けの珍味である。

そうしたケースは例外として、もともとヘビはたんぱく源としてすぐれており、同時に滋養強壮に役立つ貴重な食品なので、日本をはじめ世界各国で昔から食べられてきた。

中国でもほぼ全土でヘビを食べる。世界一のヘビ食文化をもった国といっても過言でない。中国料理では「龍《ロン》」の字がついたものは、ヘビが入っていることを意味する。たとえば「龍虎大菜《ロンフウタアツアイ》」はヘビとネコの煮込み、「龍鳳大菜《ロンフォクタアツアイ》」はヘビと鶏の煮込みで、鍋ものや吸いものにも「龍」はよく出てくる。

新疆《しんきょう》ウイグル自治区の庫車《クチャ》の中心街をぶらぶら歩いていたときは、皮をはいで丸めた乾燥ヘビを束にして天井から吊るしている店を見つけて仰天した。1束にだいたい100匹くらいの乾燥ヘビが束ねられていて、店主によると、一度水でもどしてコトコトと煮て、骨を取り除けばすばらしいスープになるとのことである。あるいは、乾燥したままよく叩いて粉にして飲むと精力がつき、「息子《マラ》のほうはパンパンよ」といってニヤリと笑った。さっそくその乾燥したヘビを5匹ほど買って、粉にして飲んでみたのはいうまでもない。しかし、干したダイコンの葉っぱのようなにおいが鼻につくばかりで、店主のいう効果はいつまでたっても現れなかった。

南米やアフリカ、東南アジアの国々では、たいていヘビをぶつ切りにしてシチューやポタージュのように煮込んでダシをとる。

カンボジアやベトナムの奥地の町や村を訪ねたときも、ヘビ売りの屋台が軒を連ねていた。その一軒に立ち寄ると、皮もはがさずにタレにつけたままの炙《あぶ》りヘビが売られていた。この照り焼き風炙りヘビは、香ばしい味と香りがしてたいそうおいしかった。これを干すと保存食にもなるという。

ラオスの首都ビエンチャンの自由市場の屋台でヘビのスープと激辛のヘビシチュー、それに塩味を利かせたから揚げヘビを賞味したときも、舌が舞うほど野趣味に富んだ味で、大いに満足した。

日本でも、沖縄にエラブウミヘビを使った「イラブー汁」という名物料理がある。昔から上流階級の人たちの間でクスイムン（薬喰い）として珍重されたもので、エラブウミヘビの濃厚な味を背景に、具として入れる豚足のゼラチン質や、コンブとカツオ節のダシ味が融合して至上の妙味となる。沖縄で食べたエラブウミヘビの卵の味も忘れられない。大きな卵黄の塊が燻製になっていて、それをナイフで薄く切って食べるのだが、そのコク味といい、上品なうまみといい、七転八倒して腰を抜かすほどのうまさだった。一度食べるとこの珍味のとりこになること請け合いである。おっと、においの話から外れてしまったので、ヘビの話はこの辺にしておく。

【ネズミ】　くさい度数 ★★

「俵のネズミが米食ってチュー」という童謡があるが、この歌のとおりネズミは米が大好物である。だから、稲作の盛んな中国南部からミャンマー、カンボジア、ラオス、タイ、ベトナム一帯の地域は野ネズミがつとに多い。それがまた巨大で、日本のドブネズミの一回り大きく、ネズミというより珍獣といった印象だ。稲のもみを食べたり、葉や果物を食べたり、樹皮をかじったりと食害は多く、ときには昆虫やカエルまで食べるネズミもいる。

ネズミがカエルを食べると聞いてゾッとするかもしれない。しかし、この食物連鎖の頂点にいるのが人間で、ここら一帯ではネズミをよく食べる。最も人気のある食べ方は丸焼き（姿焼き）だ。皮をはいだネズミを串に刺して素焼きにし、それを少しずつかじって食べるのである。肉は野生の鶉《うずら》の肉のように味が濃く、骨の周りについている脂肪のところがまたうまい。ついつい「あと1匹、あと1匹」と収まりがつかなくなってしまう。

ラオスの首都ビエンチャンの自由市場では、巨大ネズミの燻製が売られていた。ネズミの皮をはいで頭と尾を切り落とし、内臓を抜いて、ちょうどアジの開きのように体を開き、塩と香辛料をふって煙で燻したものだが、それが売り場の台の上に何百枚と重ねてあったのには驚いた。

でも、これはビエンチャンの名物であり、日本の旅行ガイドブックにも載っている。私もなんだかんだ10枚ほど買った。色はやや赤みを帯びた黒色で、手でちぎって口に入れて噛んでみると、ヌルリとした特有のぬめり感があり、さらに噛み続けると、そのぬめり感の中から濃いうまみがトロリトロリと溶け出てきて、やがてネットリムニュムニュッて感じになってくる。ちょうど水に浸しておいたスルメのような食感だ。しかし、鼻にはヘビーな異臭が襲いかかってくる。カビくさいといったほうがいいのかもしれない。日本にいたらとても食べる気はしないだろうが、これも旅の醍醐味《だいごみ》で、せっかく買ったのだからとその後の旅のおやつにもって歩いた。

中国・四川省の省郡成都市の自由市場へ行ったときは、生きたタケネズミを1匹買った。タケネズミは日本ではほとんど知られていないが、中国ではおなじみの食用ネズミで、高地の竹林に棲《す》み、竹の根を主食としている。それでタケネズミと呼ばれるようだが、このとき買ったものは体長約40センチ、体重3・2キロという、太って丸々とした巨大ネズミである。

さすがに自分では調理できないので、市内の料理屋へタケネズミをもっていったら、「冬茹竹筍焼竹鼠《ドンルーズースンシャオズーシュウ》」という料理をつくってくれた。掛け軸にでも書いてありそうな立派な字面だが、要はシイタケとタケノコとタケネズミの煮込みである。さて、そのお味はというと、可もなく不可もなくといった感じで、ちょっと拍子抜けした。くさみもそれほど感じなかったが、まあ、こんな外れの日もあるのである。

ちなみに中国の広東では、その昔「ネズミの赤子料理」という怪食があった。生まれたばかりで、まだ目も開かず、毛も生えていないネズミの赤子をハチミツにつけ、生のまま食べるという、何とも衝撃的な料理である。食べるときにネズミが「チチ！」と鳴くともいわれ、「蜜蝍《ミージー》」という名もあるという。さすがの食いしん坊の私も、この話を聞いたときは閉口した。

【セイウチ】　くさい度数　★★★

海棲生物でも、魚類と哺乳類ではにおいの種類が異なる。海に生息する哺乳類は海獣と呼ばれ、クジラやイルカ、セイウチ、アザラシ、オットセイ、トドなどがこれに属すが、いずれの肉も独特の海獣臭がある。獣臭は脂身につきやすいので、皮下脂肪の多い海獣類はどうしてもにおいが強くなるのだ。

どんなにおいかというと、ちょっとこもったような、かすれたような、ウッときて、人間のワキガ臭を強烈にしたのに酷似している。海獣の場合は、そこに生ぐささも加わるから、凄《すさ》まじいことになる。

海獣類の中でも、最も凄まじいにおいをもつのがセイウチである。獣くささと生ぐささの強さにおいては、セイウチにかなう海獣はいないといわれている。セイウチは体重が1～2トンもあるから、食べる以前の、解体する段階から壮絶なにおいが立ち込める。

味もどうやら芳しくないようで、海獣をよく食べるイヌイットの人たちがおいしいと思う生肉のベスト9について、ジャーナリストの本田勝一氏が『極限の民族　カナダ・エスキモー、ニューギニア高地人、アラビア遊牧民』（朝日新聞社）の中で紹介している。それによると、1位カリブー（トナカイの一種）、2位ホッキョクウサギ、3位サケ科の魚、4位カモ、5位アザラシ、6位ライチョウ、7位ウジュック（大型のアザラシ）、8位ホッキョクグマ、9位セイウチの順であったという。やはりイヌイットにとっても、セイウチの味は最下位というわけだ。

それでも、シベリアの北東端・チュコト半島に住むチュクチ族は、セイウチの肉を皮袋に縫い込んでから穴に入れて発酵させたものを食べているという。もともとくさいセイウチの肉を、さらに発酵させると、いったいどのようなことになるのか、ぜひ一度賞味してみたい幻の珍味である。

【クジラ】　くさい度数 ★

クジラは肉だけでなく。皮や内臓など、あらゆる部位にくさみがあって、とくに腎臓やペニスのにおいはなかなかのものだ。それでも、肉をほとんど食べていなかった昔の日本人にとって、クジラは貴重な動物性たんぱく源だった。

だから、その食べ方も、鯨テキ、鯨カツ、あみ焼き、味噌漬け、竜田揚げ、ジンギスカン風の焼き肉、すき焼き風の鍋、刺身、角切佃煮など、まことに多彩であった。いずれの料理も、クジラ肉の特有のにおいをなるべく消そうとする工夫がなされたり、逆にあのにおいが好きだという人のために、あえてにおいを残す料理が考案されてきた。こうしてクジラ食文化が築かれてきたのである。

冷静に考えれば、クジラは哺乳類だから「肉」の一種であり、肉食禁止の時代には、クジラだって食べてはいけないのである。だが、そこは方便、ウサギを鳥の仲間だと言い張ったように、クジラは「勇魚《いさな》」という名の魚類として捕獲していた。クジラが水揚げされると、手早い作業で解体し、皮からは多量のゼラチンを取り、脂肪は加工用に使われ、そして肉をはじめ、腸や腎臓、肝臓、心臓、食道、舌、黒皮、胸ビレ、脳みそ、陽陰性器などまですべて食用とされた。

私の大好物は「クジラの肉の土佐造り」である。クジラ肉の表面をさっと焼いて、刺身のように切って軽く塩をふり、おろしダイコンと、おろしショウガ、ワケギのみじん切りなどを合わせて三杯酢で調え、クジラの切り身に上からかけて食す料理だ。これはクジラ肉の独特のにおいを思いきり堪能できる。一方で、照り焼きも捨てがたい。クジラ肉を照り焼きにするときは、みりんにおろしニンニクを混ぜ、そこに少々の醤油と味噌を加えて味を調えたタレを使うと絶品である。

クジラ肉のにおいが苦手な人は、白味噌とみりん、酒、砂糖で調えたタレを肉に塗りつけ、これをシソの葉で巻いて中火で揚げたものをおすすめする。

しかし、いまやクジラ肉は幻となりつつあり、私はこれが残念でならない。クジラは日本の食文化を担う重要な食材のひとつだからだ。

日本人は縄文時代からクジラを食べていたことが、遺跡の発掘調査で明らかになっている。本格的に組織的な捕鯨が行われるようになったのは、およそ500年前のことで、その後、近代的な漁法へと発展し、漁獲したクジラは前記のようにすべて余すところなく食に供されてきた。

海外でも近年になって捕鯨をする国が増えたが、もっぱら鯨油が目的で、肉や皮は捨てられていた。そして、石油の大量供給が可能となってからは、大半の国が捕鯨から手を引いていったが、その頃からは激しい鯨肉の争奪戦により、クジラの数は激減していた。

すると今度は捕鯨をやめた国々が動物愛護の観点から、日本の捕鯨に対して厳しい批判を始めたのである。その結果、ついに南氷洋では1987年に、沿岸捕鯨も1988年を最後に商業捕鯨が全面禁止された。理由は「クジラ資源の枯渇」で、最近は調査捕鯨まで自粛勧告をうけ、日本の鯨食文化が最大のピンチに瀕している。

わが国のクジラ食の歴史と伝統を考えれば、他国から勝手に捕鯨禁止といわれても、そう簡単に「はい、そうですか」と承服することは到底できない。今後は国際的な調査機関によって、もっと詳細な資源調査を行い、将来再び商業捕鯨が許されるべき範囲内で可能かどうかを、純粋に科学的立場から明らかにしていくことが大切であろう。その意味では、捕獲の頭数を抑えながら調査捕鯨を行うことは必要なことだと私は考えている。

いずれにしても、いまやクジラ肉は私の憧れの存在となっている。先日、築地市場で久しぶりに2キログラムほどの肉塊をやっと探し当て、迷うことなく買い求めた。

あまりの嬉しさに、私はその後1ヵ月間を「クジラ食月間」と名づけ、週末は台所でクジラ肉の料理に没頭した。まず、築地で購入した2キログラムの肉を小分けにしてラップに包み、冷凍庫に保存することからスタートした。最初に食べたのはステーキである。200グラムのクジラ肉を使って焼いたのだが、懐かしいにおいのする肉を噛みしめると、うま汁が口にあふれて、飲み込むのが惜しいほどであった。どれほどの決断と勇気をもって最後の一切れを飲み込んだことか。

ステーキのあとはあみ焼きで200グラム、すき焼き風の鍋で300グラム、ジンギスカン風に焼いて300グラム、竜田揚げで200グラム、鯨カツで300グラム、あとの残り500グラムは味噌漬けにして毎日賞味した。まさにクジラ三昧《ざんまい》の1ヵ月であった。

クジラ肉料理を提供している店もわずかながら残っている。有名なのが東京・渋谷の道玄坂にある『元祖・くじら屋』だ。私もときどき行って賞味している。昔から変わらぬ味に感動さえ覚える。新宿の区役所近くにある『樽一』もよく足を運ぶ。ここのクジラ肉料理は、ハリハリ鍋、竜田揚げ、あみ焼きといった、昔からの伝統の食べ方のほかに、店主が独自に開発したクジラ鍋が圧巻である。また、クジラの各部位を刺身で食べさせてくれるのも嬉しい。タケリ（陰茎）、タマ（睾丸《こうがん》）、サエズリ（舌）、ミヤクツボ（胸ビレ）、ヒャクヒロ（小腸）、腎臓、女性自身（メスの生殖器）、脳みそ、心臓などの珍品が食べられる。もちろん、嬉しいくらい、くさいもの尽くしだ。

クジラは高たんぱくで低脂肪だから、メタボが気になるお父さんも安心して食べることができる。

【イルカ】　くさい度数　★★

食文化の危機といえば、イルカもそうである。

日本人はかなり古い時代からイルカも食べてきた。『日本書紀』にも、応神天皇が太子の頃、越前に行ってイルカを獲った因縁により、気比《けひ》神宮に御食津《みけつ》神をまつったという記載がある。現在でも東海や三陸、四国、北陸などの一部でよく食べられており、東京都内でもイルカ料理を出している店がある。

イルカ肉のにおいは、クジラよりも強烈である。そのため、イルカ料理は特有のくさみを抜くために、酒でよく煮て、さらにみりんを加えて煮込み、刻みゴボウを配し、溜《たまり》醤油で調味するのが基本とされている。ほかにショウガ醤油とみりんのつけ焼きや照り焼き、ショウガを介しての佃煮《つくだに》もよい。肉を醤油漬けにしてから干した「イルカのタレ」と呼ばれるものは、さっと焼くだけでにおいも弱くなり、酒の肴に最高である。とくにビールのつまみによく合う。

イルカ鍋のつくり方は、地方によって異なるが、私が九州で食べたものは白味噌仕立ての上品なものだった。また、伊豆半島で食べたものは、すき焼き風の味の濃厚なものであった。一方、沖縄県名護市近郊の料理屋では「イルカチャンプル」を食べた。これは文字どおり、イルカの肉を野菜炒めにしたものだ。

いずれの料理も、イルカ特有のにおいは残っているが、熱々のものを、日本酒の熱燗でいただくと、舌のよろこびはまた格別なのである。

【アザラシ】　くさい度数　★★★

日本人がクジラを余すところなく利用するように、イヌイットの人たちはアザラシを無駄なく利用している。

アザラシを銃で仕留めると、まず腹の中央をまっすぐ切り開く。そこは5センチほどの分厚い脂肪がついていて、そのまま毛皮ごとすいすい切り離し、内臓、肉、皮を手際よく分けていく。内臓はさらに肝臓、腸、胃、腎臓、心臓などに分け、最初に内臓を食べて、残りの肉は自然のまま冷凍し、あとで削って食べる。捨てる部分はほとんどなく、生で食べるのが基本である。

アザラシの肉は私も何度か食べた経験がある。非常にアクが強く、猛烈な獣臭をもっている。クジラよりもくさく、クジラよりくさいイルカよりもさらに3倍くらいくさくて、なおかつ不味い。うまみのほかに少し酸味と渋味があり、慣れるまではなかなか手こずった。

とくに、アザラシの生のレバーを食べたときは、その強烈な生ぐささと獣臭が、口や鼻に襲いかかってきてパニック状態となり、あやうく吐き出しそうになった。イヌイットの人たちが、このアザラシよりも不味いと評するセイウチは、いったいどんなものなのだろうと、つくづく好奇心が揺さぶられるのである。

【キビヤック】 くさい度数 ★★★★★以上

極寒の北極近くにも、五つ星に輝く甚《はなは》だくさい食品がある。キビヤックと呼ばれる発酵食品がそれで、カナディアン・イヌイット（エスキモー）の間で食べられているきわめて珍しい漬物だ。もともとカナディアン・イヌイットの住むバレン・グラウンズあたりは、冬の寒さはもちろんのこと、3ヵ月ほどの短い夏も気温はさほど上がらないため、微生物の生育には不適であり、発酵食品は口にしない民族といわれてきた。しかし実際には、度胆を抜かれるようなすごい発酵食品が存在するのである。

そのつくり方は、じつにダイナミックである。まず食料として捕獲した200～300キログラム級の巨大アザラシの肉や内臓、皮下脂肪を取り去ったあと、その腹の中に海燕《うみつばめ》の仲間であるアパリアスを50～100羽詰め込む。アパリアスは、ツバメより二回りくらい大きな水鳥だが、そのアパリアスを羽根もむしらずそのままアザラシの腹へどんどん詰め込んでいくのである。

そして、アザラシの腹がパンパンになったところで、今度は太めの釣り糸で縫い合わせ、土の中へ埋める。最後に重石をのせるのは、北極キツネやシロクマなどに食べられないようにするためだそうだ。

2〜3年埋めておくと、アパリアスはアザラシの皮と厚い皮下脂肪の中で乳酸菌や酪酸菌、酵母などの発酵をじっくりと受けて熟成されていく。夏だけ微生物が働くので、積算した発酵期間はだいたい半年程度だが、まことに壮絶な漬物ができあがるのである。それがいったいどのようなものか、読者諸氏は想像できるだろうか。

「イカ飯のようにアザラシを輪切りにして食べる？」

そんな甘い考えで、この漬物を目にしたら卒倒するかもしれない。

発酵を終えた頃に土を掘り返すと、凄《すさ》まじいにおいと共に、驚きの光景が目に飛び込んでくる。アザラシは溶けてどろどろとなり、腹部などはちょうど塩辛のような状態になっている。一方、その腹に詰めた海燕は、羽根は発酵しないので見た目はほぼ原形のままだが、体の中は発酵してグシャグシャになっている。これを食べるのである。食べるといっても、海燕の肉を煮たり焼いたりするわけではない。海燕の尾羽根を引っぱって抜き、露《あら》わになった肛門に口をつけ、発酵した体液をちゅうちゅうと吸い出して味わうのである。

私は数年前、グリーンランドのイヌイットの村でこのキビヤックを食べる機会を得たが、海燕の肛門からしたたる体液は、アパリアスの肉やアザラシの脂肪が溶けて発酵したものなので複雑な濃味が混在し、ちょうど、とびきりうまいくさやにチーズを加え、そこにマグロの酒盗（塩辛）を混ぜ合わせたような味わいである。ところがそのにおいといったらただごとではない。強烈猛烈激烈な臭気が鼻からきて、「くさやのにおい」＋「フナ鮓のにおい」＋「くさいチーズの代表であるゴルゴンゾーラのにおい」＋「中国の白酒《バイチュウ》のにおい」＋「腐ったギンナンのにおい」＋「ウンチのにおい」＝「キビヤックのにおい」という公式が成立するほどのものである。皮膚にキビヤックの汁がついたら、1週間はにおいがとれない。

初めはその強烈なにおいで躊躇《ちゅうちょ》したが、百戦錬磨の我が輩などは、2〜3羽平らげるうちに、激臭がむしろ食欲を喚起し、発酵物特有の芳《かぐわ》しさに魅せられてやみつきになった。冒険家、故・植村直己さんも、北極探検の旅にはいつもこのキビヤックを携帯していたことを手記に遺している。それによると、肛門から体液を吸い出すほかに、アパリアスの皮や肉を食べたり、あばら骨をしゃぶったりといった食べ方もされた。手記の中に次のような一文がある。

「やっぱり最初、（イヌイットの）若い女の子が肛門のところに口を寄せて吸い込むようにして、口のまわりに真っ黒い血がべったりついているわけですよ。そういう、皮ひきさきながら食べているのをみたらドギモを抜かれましたね」

植村さんはキビヤックがあったから北極点まで単独行ができたとも述べていた。

キビヤックは調味料としても重宝されている。イヌイットの人たちは歴史的にセイウチやアザラシ、クジラ、トナカイなどの生肉を食べる習慣があるが、生肉にキビヤックをつけることはない。しかし、それらの肉を加熱調理して食べるときはキビヤックをつけて食べる。なぜなら、発酵食品であるキビヤックには、発酵菌由来の各種ビタミンが豊富に含まれているからだ。加熱によって肉から失われたビタミン類を補給するために、キビヤックをつけて食べるわけで、じつに理に適《かな》った食法といえる。

北極圏にはキビヤックに似た漬物がほかにもある。北シベリアのキスラヤ・ルイバ（↓32頁）もそのひとつで、秋に獲れた魚の一部を土に埋めて保存し、冬から春にかけての重要なたんぱく源としている。また、チュコト半島ではセイウチの肉を皮袋に縫い込んで穴に保存し、発酵させたものが食べられている。さらに、カムチャツカ半島には、土や皮袋の中で魚卵を発酵させたものがあるという。どれも酒の肴としてうまそうだが、いずれもとてもくさい。

このように新鮮な野菜や果物からビタミンの補給ができない生活環境の中で、発酵という手段で微生物にビタミンをつくらせ、それを摂取するという「知恵の発酵」がそれぞれの民族の生活を豊かにしていることに感動すら覚える。

【オットセイ】　くさい度数　★★★

オットセイはアザラシと外見が似ているが、アザラシがアザラシ科であるのに対し、オットセイはアシカ科の海獣である。よく見くらべると、前足や後足の形などが違っているのがわかる。しかし、肉がひどくくさいという点では共通している。

オットセイも縄張り争いが激しいので、自分のにおいをもっている。そこにエサ由来のにおいが加わって、オットセイの肉のくささを生み出している。とくにそうしたにおいは脂身のところに多い。これはすべての哺乳類、あるいは魚にも当てはまるが、脂はにおい成分を吸着する性質があるからで、オットセイにしてもアザラシにしても、寒いところに生息している種類の海獣は、皮下脂肪がたっぷりついているので、当然においも強くなる。そのにおいが肉にも自然についてくるというわけだ。

北海道では、オットセイと同じアシカ科のアシカやトドの缶詰が特産品として売られている。北海道に旅行に行った人から土産にもらったという経験のある人も少なくないと思うが、これらの缶詰もけっこうくさい。蓋を開けたとたん、むっとしたにおいが襲いかかってくる。この手のにおいが好きな人にとっては、たまらなく嬉しい土産というものである。

【カラス】　くさい度数　★★★

次は、くさい鳥の肉を解説しよう。

福島県の阿武隈山地にある湯治場で、カラスの「ロウソク焼き」というのを賞味したことがある。ロウソクとは、暗闇で灯すあのロウソク（蠟燭）のことだ。

その湯治場に滞在中、カラスがやたら飛んでいたので、宿の主人に何気なく「カラスの肉ってうまいのかねえ?」と尋ねたところ、「不味くて食えた代物でねえ。とにかく肉がくさくて、それがいつまでも頭の中に残るくささだからたまんねえ」という。

カラスはご存じのように雑食性の野鳥である。畑にまいた種子をはじめ、虫やトカゲ、カエル、ヘビ、小鳥の卵・雛、さらには街中の生ゴミや犬猫の死肉まで食べてしまう。それが肉の香味を悪くしている原因のようだ。頭の中に残るくささだというのだから、よほど陰湿でたちの悪いにおいなのだろう。とたんに私の食指が動いた。

「一度食ってみたいなあ」

さりげなくつぶやいてみたところ、主人は「よし、わかった。カラスなんていつでも罠《わな》でとれるよ。明日の夕方、食わせてやっから」と約束してくれた。こういうときには、何でも一度は口に出していってみるものである。

翌日の夕方、主人は約束どおり、真っ黒いカラスを一羽ぶら下げてきて、湯治場の裏にある空き地で解体を始めた。羽根をていねいにむしりとると、皮の部分はどす黒いものの、肉は鮮やかな赤色をしていた。雉《きじ》や山鳥のような野鳥は内臓も珍重するが、カラスの場合は内臓がとくにくさくて不味いので捨てるのだという。

そして、いよいよ下ごしらえが始まった。大きいまな板に、胸肉、もも肉、手羽肉などの切り落とし肉をのせ、出刃包丁で時間をかけて叩き続ける。カラスの肉がペースト状になったところで、今度は長ネギ3本とニンニクの大玉2個をみじん切りにしたものを混ぜ合わせ、再び叩いてカラスの肉と香辛料が一体になったのを確認したあと、味噌（全体量に対して4分の1程度）を加え、小麦粉をパラパラとふってまた叩く。根気づよく叩き続けて、最後に大量の七味唐辛子をふり込んだ頃には、カラスの肉は鮮やかな赤色を失い、やや白みがかった味噌色に変わっていた。

ここから焼きの作業が始まった。まず30センチほどの竹串に叩いた肉を巻きつけていく。竹串がロウソクの芯を連想させることが、ロウソク焼きの語源のようだ。5本の竹串にカラスの肉を巻きつけたあと、焚き火の周りにその肉棒を立てて炙《あぶ》り、ほどよく焼き上がるのを待つ。「うまくない」というカラスの肉を、こんなに手間をかけて調理してくれる主人に恐縮しきりであった。

じっくりこんがり焼き上がった5本のカラスの肉棒は、皿代わりの蕗《ふき》の葉っぱに並べられた。そのうちの1本を手に取って、においを嗅いでみる。悪臭などまったくせず、むしろじつに香ばしく、食欲をそそるにおいであった。これはいけそうだと思って肉棒にかぶりつくと、意外にうまい。鶏のつくね焼きと何ら変わりない気がしたのだ。「これはうまいわい」とばかりにむしゃむしゃ噛んでいたら、カラスの肉から出てきたうまみと味噌の濃い味が一体となり、そこに七味唐辛子のピリ辛が加わって、ますます口の中はよろしき状態となった。

なんだ、不味いなんてウソじゃないか、とご主人にいおうとした瞬間、異変が突如襲ってきた。これまで嗅いだことのない奇妙なにおいが、鼻にふわっとこみあげてきたのである。大玉のニンニク2個の激臭まで凌駕《りょうが》するほどの、恐ろしく不快な異臭である。たとえるなら、優雅に供えた線香の煙のようなにおいで、カラスの怨念を感じさせる不気味なものだった。

肉を噛めば噛むほど、その陰湿なにおいが増して鼻をついてくる。すでに口の中の肉は、唾液に溶けてトロトロと流動食のようになっているが、その不気味なにおいのためにどうしても飲み込めない。世界中のさまざまな奇食珍食を制覇してきた私だが、突如このような伏兵に出くわすと、尻込み、いや舌込みすることだってあるのだ。

だが、手間をかけて調理してくれた主人のことを思うと、決して吐き出すことはできない。そもそも、私のほうから食べたいと所望したのだ。ここは是が非でも飲み込むしかない。えいっとばかりに、カラスの肉をごくりと飲み込んだ。その瞬間、カラスの怨念が爆発したかのように、超絶な悪臭が鼻に立ち上ってきて、意識を失いそうになる。結局そのときは、冷や汗だらだらで苦闘しながら、大串1本をやっと平らげたのであった。

カラスのロウソク焼きは、私が賞味した福島県以外でも、北関東や信州などでこの調理法が行われてきたようだ。おそらく、この調理法こそが、いかにカラスの肉をうまく食べるかを歴史的に追究し続けた末の、究極の食べ方なのだろうと推測する。それでこの味、このにおいなのだから、焼き鳥のように、カラスの肉を串焼きにして塩をふっただけで食べたなら、いったいどんな恐ろしいことが起こるのか、さすがに挑戦する気にはなれなかった。

【ツル】 くさい度数★

くさくて不味い鳥でも、カラスと違って、非常に珍重されたものがある。それは野鳥の王といわれるツルだ。

ツルは古来、長寿の霊鳥として保護され、日本に数多く生息していた。しかし一方で、その長寿に少しでもあやかろうと考える人びとの食卓に供されてきたのも事実である。たとえば、豊臣秀吉は特別な許可を得た者のみ鶴献上の嘉例《かれい》を許していた。また、江戸時代に入ると、朝廷や幕府の正月の膳に嘉例として鶴が用いられた。当時は鶴猟専門に訓練された鷹（鶴鷹）で鶴狩りが行われていて、その年の初物の鶴が幕府から朝廷に献上されていたといわれている。

文筆家・本山荻舟《もとやまてきしゅう》の『飲食事典』（平凡社　1958年刊）には、古式の鶴料理「鶴包丁」について次のような記述がある。

「古式の鶴料理は秘事として一般に公開されないが、正月十九日に六位二人、真名板、真名箸に塩鶴一羽を用意し、御厨子所の高橋大隅両家の人が隔年交代で衣冠を着して鶴包丁をうけたまわる。真名板の前にすわると、真名箸をとって鶴の両羽をしごき、次に両翼を切り離して案上に十文字におき、次に両脚を切って案下へ播落し、次に首を切って先の十字になった両翼の上方におくと千字形になる。これを『千年切』または『万年切』ともいう。次いで肉を二段に調理し終り、清涼殿の階下で太刀、折紙を戴いて退出する」

明治時代に入ると、鉄砲の使用による乱獲で鶴が激減したため、ついに捕獲が禁止され、天然記念物として保護されるようになった。だから、現在は鶴を食べることはできないが、さほど残念に思う必要はない。なぜなら、数冊の古い本を見るかぎり、鶴の味はおおむね評価が低い。「肉にくさみがあって硬い」という記録がほとんどで、多くの場合、見た目の美しさから縁起物として珍重しただけのようである。

【その他の野鳥】　くさい度数 ★★

野鳥の中で、カラスに負けず劣らずくさいのが五位鷺《ごいさぎ》だ。

五位鷺はサギ科の鳥で、河川や湖沼などの水辺に棲息し、魚類をはじめ、両生類、昆虫、甲殻類などを食べて生活している。『平家物語』によると、醍醐天皇の命に従って保護されたことで「五位」の位を授かり、それが名前の由来とされている。

そんな高貴な野鳥なのだが、肉はかなりくさい。私は食べたことがないが、人の話によると、カラスの肉のようにトーンの高いくささではなく、落ち着いた陰湿なくささで、味も不味く、これもやはり一度食べたら二度と口にしたくなくなるそうだ。

このほか、カモメ、鵜《う》、海燕などの野鳥や、ハゲタカやハゲワシ、フクロウといった動物の屍《しかばね》を好んで食べる猛禽《もうきん》類などの肉も、きわめてクサくて不味い。さらに、見た目の美しいクジャクも、その肉は不味く、舌鼓を打つほどのものではないようだ。おかげでこれらの野鳥は、人間の飽くなき食欲の標的とならずに済んでいるわけである。

【腊鴨腎《ラアヤーシェン》】　くさい度数　★★★

中国の福建省南部に位置する廈門《アモイ》市へ行ったとき、自由市場で見慣れぬ食品を見つけた。濃い飴色をした塊で、表面のところどころに白いカビのようなものがついている。鼻を近づけてにおいを嗅いでみると、血の腐敗したような陰湿なくさみがあり、発酵微生物がつくった酪酸臭もする。さわってみると非常に硬い。店の人に「これは何?」と尋ねたら「腊鴨腎《ラアヤーシェン》だ」という。

腊鴨腎は、鴨（主に家鴨《あひる》を指す）の腎臓の干物で、〝味覚人飛行物体〟の私としては、この珍品を見逃すわけにはいかない。さっそく5個買い求めて宿までもち帰り、あらためてしげしげと眺め、じっくり観察したあと、思いきって端っこをちょこっとかじってみた。

親指のツメくらいのわずかな量だったが、噛んでいるうちに口の中にどんどん先ほどの陰湿なくさみと油の酸化したにおいが広がっていって、思わず「おえっ」と吐き出してしまった。滅多なことでは食べものを拒否しない私の胃も、あまりの異臭に耐えられなかったようだ。においもひどいが、味もえぐみが強く、とうていこのまま食べられる代物ではなかった。

宿の料理人に相談すると、じつはこの腊鴨腎は、病み上がりなどの滋養にとてもいい食材で、水に漬けて戻したものを野菜とともに炒めたり、スープにしたりして食べるのが一般的なのだと教えてくれた。そこで、「5個も買ってしまったので料理して食べさせてくれないだろうか」とお願いしたら、快く引き受けてくれた。

このときつくってもらったのが「洋葱腊鴨腎絲《ヤンツォンラアヤーシェンスー》」である。水で戻した腊鴨腎をタマネギやニラなどの香味野菜と炒めただけの簡単な料理だったが、不思議なことにまったくといってよいほどくさみが消えていた。味も、タマネギやニラなどの野菜と非常によく合って、白酒の格好の肴に変身したのである。

【カイ・ルック】　くさい度数★

日頃から「怪食・奇食なんでもこざれい！」と豪語してやまない私だが、ごくたまに食べる前に躊躇してしまうものと出合う。ラオスやベトナムで食べられている「カイ・ルック」はその代表だ。

私が初めてカイ・ルックを目にしたのは、ラオスのポーパーナオ村でふと立ち寄った小さな食料品屋だった。店の隅のほうに簡単な蒸し器のようなものがあり、その近くに卵が50個ほど転がっていた。

「それは何ですか?」

と尋ねると、地元でよく食べられているカイ・ルックという食べものだという。

ラオス語で「カイ」は雛、「ルック」は卵を意味する。つまり「雛卵」のことである。アヒルの卵を孵化《ふか》させて、ピヨピヨと殻を割って出てくる直前に蒸し器に入れ、半蒸しにして未熟児の雛を掘り出して食べるという、なんとも心痛む料理なのである。

後ろめたさを覚えながらも、そこは食文化研究家として、また〝味覚人飛行物体〟を名乗る者として、スルーすることはできない。いま確認しておかなければ二度とお目にかかれないかもしれないのである。意を決してカイ・ルックを購入し、殻を割ってみた。恐る恐る中をのぞいてみると、まだ胎盤がついているものの、頭や目、くちばし、胴体はしっかり形成されている。雛のギョロッとした目が、私をじっと見ているように感じた。

鼻を近づけてにおいを嗅いでみると、これがひどくくさい。雨の日の鶏小屋に漂う鶏糞のようなにおいというのだろうか。カビたような、湿ったようなそのにおいに、納豆臭とギンナン臭を混ぜた感じのくさみが、もわっと鼻をついてきて、思わず「うっ」と吐き気がこみあげてくる。

地元の人たちは、頭のところをつまんで全体を引っ張り出し、そのまま口に放り込んでむしゃむしゃ食べていた。しかし、私はさすがにそこまでする勇気はなく、いったん皿の上に出して、においの強い魚醬(ニョク・マム)と酢をかけて食べることにした。口の中へ入れると、グニャリとした歯ざわりと舌ざわりがして、その時点で背筋がざわついた。思いきって噛んでみると、形成され始めたばかりの骨が軟骨のようにコリコリして、ますます物哀しい気分になる。魚醬をつけたので味は魚の塩辛のようで、先ほどの生ぐささもやわらいでいたが、これほど心を痛めてまで食べるほどのものではなかった。

じつはフランスにも、このカイ・ルックとそっくりなものがある。一部の食通の間で「生きた卵料理」と呼ばれて珍重されているものだが、ラオスやベトナムは歴史的にフランスの影響下にあったことから、おそらくその辺にこの料理のルーツがあると思われる。

くさいことなどどうでもいいくらい、気持ちの落ち込む料理であった。

【バター茶】　くさい度数　★★★

バター茶は、文字どおりお茶の一種だが、動物の乳を使っているということで、番外編としてこの項の最後に入れることにする。

モンゴルでは、乳でつくったバターをお茶の中へ入れるのが普通で、これがバター茶である。お茶にバターを入れるなんて、日本ではちょっと考えられないことだ。しかも、モンゴルのバターは、日本で一般に食べられているバターとは違って発酵させてつくるため、その濃厚さは日本のバターの比ではない。特有のバターくささと酸味、さらに強烈な熟《な》れ味をもっている。ヨーロッパでも発酵バターが汎用されているが、モンゴルのものは自家製であり、ヒツジやヤギ、ウマ、ヤクの乳など、くさみのある乳を原料にしてつくられることから、ヨーロッパのものよりも野趣味に富んだ味がする。

そのバターを、磚茶《たんちゃ》（茶葉をレンガのように圧縮したお茶）を削って煮出したお茶に入れ、塩で味付けして飲むのである。地元の人たちはモンゴル語でスーティ・チャイと呼んでいた。バターの濃厚なコク味に茶の苦味が加わるとともに、茶の枯れたようなにおいとバターの強い発酵臭が融合し合って、よくいえばじつに牧歌臭に満ちた民族的な味わいを愉しめる。しかし、初心者が飲み干すのは容易ではない。

かくなる私も、初めてモンゴルへ行ったとき、バター茶を飲むのに難儀した。モンゴルではいつもゲル（モンゴル式移動住居。パオともいう）に泊めてもらって、現地の人たちと一緒に寝起きするのだが、ゲルへ入るなりバター茶でもてなしてくれるのがモンゴル流で、日本人が客に緑茶をふるまうのと同じ感覚である。最初はバター茶がどのようなものかわからないので、とりあえず一口飲んでその香味に圧倒され、二口目がなかなか飲めなかった。

しかし、朱に交われば自然に赤くなるのである。なにしろ、モンゴルの人たちはこのお茶を1日5～6リットルくらい飲んでいるから、何かといえばこのお茶が出てくる。朝起きたときから、まずバター茶である。そうして何度も飲んでいると、やがて体が馴染んできて、バター茶を飲むのがだんだん愉しみになってくる。とくに寒い朝などは、これを飲むと体がいっぺんに温まる。するると、

「味覚人飛行物体・小泉武夫、只今、草の海の国モンゴルに飛来中！」

といった気分になれるのだ。

バター茶は、モンゴル以外でも飲まれている。チベットのスッチャや、中国内蒙古自治区の酥簽茶《スーチェンチャ》はその代表だ。中国内陸部の黒龍江省や吉林省などでも酥簽茶は飲まれている。それぞれつくり方は少し異なるが、お茶にバターを入れるという点で共通している。

第 4 章

納豆

Natto (Fermented soybeans)

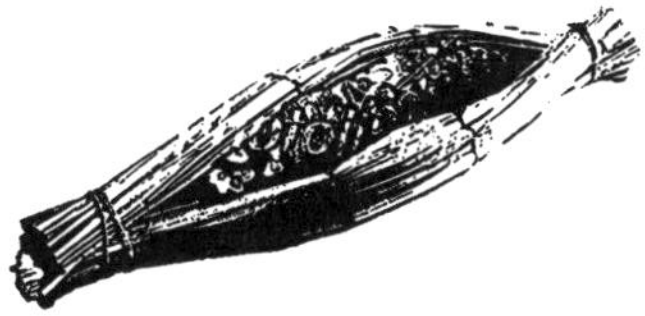

日常の食卓でも、くさい食品は存在する。納豆はその代表だ。納豆が好きな人は、うっかりすると納豆がくさいことを忘れているかもしれない。私なんかまさにそうだ。納豆が大好きすぎて、あのにおいをくさいとは感じない。むしろ、あの妖艶で魅力的なにおいを嗅ぎたくて、毎日欠かさず食べている。

しかし、納豆を初めて体験した外国人や、日本人でも納豆が苦手な人にすれば、ひどくくさい食品には違いない。納豆は立派な不精香《ぶしょうか》（↓24頁）をもつ食品だからである。

納豆のにおいは、発酵食品の宿命だ。納豆の原料は大豆だが、その大豆に納豆菌という発酵微生物が作用することによってうまみ成分がつくられ、同時に不精香を生み出すくさみ成分（テトラメチルピラジンを主体とし、酢酸、酪酸、プロピオン酸などもある）も生み出されるからである。

とくに納豆のにおいは、手や衣服についたりするとなかなかとれない。これは納豆のネバネバの元になっている多量の粘性物質が、におい成分を包み込んで揮発しにくくしているためと考えられる。

そんなこともあって、最近は不精香のしない納豆が登場し、広く食べられていると聞く。もちろん、何を食べるかは人の自由だが、〝発酵仮面〟の私としてはとても残念な気持ちなのである。本章では「くさくてうまい納豆の食べ方」も紹介するので、ぜひくさい納豆のうまさをあらためて実感していただきたい次第である。

ところで、日本には2つのタイプの納豆がある。ひとつは日本の食卓でお馴染みのネバネバした

「糸引き納豆」、もうひとつは糸をひかないタイプの「塩辛納豆」だ。日本では納豆というと、大半の人は糸引き納豆をイメージすると思うが、歴史的にみると最初に塩辛納豆が中国から伝わり、その後、日本独自の製法によって糸引き納豆が生まれたといわれている。

両者は製造方法や発酵微生物が異なるが、大豆を発酵させてつくるところ、そして何よりくさみがあってうまいところは共通している。また、いずれも栄養に富んでいるところがすばらしい。納豆の原料である大豆は「畑の肉」と呼ばれるほど栄養価の高い食品である。たんぱく質をはじめ、ビタミンやミネラルが豊富に含まれるほか、健康効果が知られるイソフラボンなどの補給源としても注目されている。その大豆を発酵させた納豆は、大豆の栄養価がさらに増強されているとともに、別の新たな健康成分も付加されている。詳しいことは「糸引き納豆」（→162頁）と「塩辛納豆」（→159頁）のそれぞれの項であらためてお話しする。

ごく身近にある発酵食品のすばらしさを再認識するきっかけになれば幸いだ。

【塩辛納豆】　くさい度数　★★★

納豆好きの人でも、塩辛納豆という名前は初めて聞く人が多いかもしれない。しかし、じつはお馴染みの糸引き納豆より、こちらの塩辛納豆のほうが歴史的には古く、すでに奈良時代に中国から仏教とともに伝えられたといわれている。

当時は「鼓《し》」という名前で、宮中の大膳職《だいぜんしき》でもつくられていた。平安時代後期の文献に「精進物、春、鹽辛納豆《しおからなっとう》」という記述があることから、この時代には塩辛納豆の呼び名があったようだ。京都では大徳寺、天竜寺といった寺院でつくられることが多かったため、「寺納豆」とも呼ばれるようになった。のちに浜名湖畔の大福寺でもつくられ、それが「浜納豆」として有名になり、江戸にも入ってきたと考えられる。

糸引き納豆とは違って、納豆菌ではなく、麹《こうじ》菌と乳酸菌で発酵させてつくられる。そのため、糸を引くようなネバネバ感はなく、見た目は黒い色をしていて、食べると塩辛いのが特徴だ。くさい食品ではあるが、糸引き納豆のにおいとはまた異なり、溜《たまり》醤油や八丁味噌に似た風味をもっている。

塩辛納豆の製法を簡単に紹介すると、まず煮た大豆をムシロに広げて麹菌を繁殖させ（現在は人工的に種麹を付けるのが一般的）、3日ほどして麹菌が大豆を覆って大豆麹になったら、塩水に漬け込んで3～4ヵ月間発酵させる。この間、乳酸菌の発酵が起こる。その後、ムシロの上で乾燥させればできあがりである。

最初の麹菌による発酵を終えた段階で、うまみ成分が大量に生まれ、塩水に漬け込んでいる間に乳酸菌による発酵が行われるので酸味が付加され、塩水による塩味も加わって、独特の風味が醸し出されるのである。醤油づくりと味噌づくりの技術を共に生かした製法なので、溜醤油や八丁味噌に似た風味になるのは当然である。

見た目はウサギの糞のようだが、口に含むとたまらなくうまい。味はもとより、郷愁をそそる発酵臭があって、嬉しい限りなのである。酒の肴だけでなく、ごはんのおかずにも最高だ。

私が一番好きなのは、粥《かゆ》に塩辛納豆を２〜３粒のせて、その古典的においを存分に愉しみながら食べる方法である。あるいは、塩辛納豆を細かく刻んで温かいごはんの上にのせ、熱い茶を注いでお茶漬けにすると、これも爽快な風味ですばらしい。

酒の肴にするときは、そのまま１粒ずつ食べるのもいいが、みじんに刻んだ塩辛納豆を薬味として湯豆腐や冷奴の上に散らして食べると、これが乙《おつ》である。

一方、甘いものが好きな人は、羊羹《ようかん》やまんじゅうなどを食べたあと、口直しの茶うけとして食べるのがおすすめだ。このほか、炒めもの、和《あ》えものなどの調味料としても使える。高級料亭に行くと、松の葉に２粒くらい刺したものが前菜で出てきたりもする。

塩辛納豆はうまいだけではなく、糸引き納豆と同じように、その１粒１粒に栄養がぎっしり詰まっているのも魅力だ。だから、昔から保存の利く滋養性の高い食品として大変重宝されてきた。

浜名湖畔の大福寺で塩辛納豆をつくるようになったのは、当時、駿府《すんぷ》城にいた徳川家康の命によることが文献に記されているが、家康は常にこの活力源となるたんぱく質の豊富な塩辛納豆と八丁味噌を鎧櫃《よろいびつ》に納めて陣中で食し、また兵隊たちにも食べさせていたといわれている。家康が天下をとり、長生きをした背景には、もしかすると塩辛納豆の効果もあったのでは、と推測するのも愉しい。

【糸引き納豆】

くさい度数　★★★★

一般に「納豆」という呼び名でスーパーの棚にずらっと並んでいるのが、この糸引き納豆だ。箸で混ぜれば混ぜるほどネバネバと糸を引いてくる、あの納豆である。

ネバネバを生み出すのは、納豆菌と呼ばれる発酵微生物で、大豆を煮て稲ワラの苞《つと》に詰めて保温すると、ワラの中に棲《す》みついている納豆菌が大豆のたんぱく質を分解しながら猛烈に繁殖し、特有の粘りとくさみをもった糸引き納豆が自然にできあがるのだ。

現在、稲ワラでつくっているところはほとんどなく、培養した納豆菌を大豆に添加して大量生産されている。

日本で糸引き納豆が登場したのは、平安時代から室町時代にかけてのことと考えられている。江戸時代に入ると、町に納豆売り屋が朝早くから売り歩くようになり、今日にいたるまで常に庶民の大切な味として重宝されてきた。

糸引き納豆の普及により、日本の朝の食卓に「味噌汁と納豆」という、大豆の二大発酵食品が並ぶようになったことは、大豆発酵食品の高い栄養価を考えると、その功績は計り知れない。日本食のパラダイムシフトといっても過言ではないだろう。

なにしろ、糸引き納豆はたんぱく質の含有量が大豆より多く、100グラム中に占める比率は、牛肉とくらべても遜色ない。肉をあまり食べてこなかった日本では、たんぱく源がほぼ大豆製品に限られていたが、その大豆以上にたんぱく質が豊富な糸引き納豆の登場は、日本人にとって非常に価値あるものだった。

加えて、糸引き納豆はビタミンの補給源としてもすぐれている。ビタミンB_1、B_2、B_6、ナイアシンなどが豊富で、ビタミンB_2に関しては大豆の7倍も多い。また、カルシウム、カリウム、亜鉛といった重要なミネラル類も含んでいる。これらの成分は、粗食だった時代の日本人のみならず、偏食しがちな現代人にも欠かせないものである。

糸引き納豆は、栄養以外の面でも、日本人の食生活に非常に合っている。

たとえば、西欧人は主食の麦を粉にしてから焼いて食べる「粉食型民族」だが、日本人は主食の米をそのまま粒の形で炊いて食べる「粒食型民族」である。だから、粒食型食品の納豆をごはんと一緒に食べるのは、とても自然なことである。

また、糸引き納豆は消化吸収もいいことから、「早飯食い」の日本人にはうってつけだ。ごはんに納豆をかけて食べると、たいていの人はかき込むように食べる。それでも、納豆のヌルヌルでのどのすべりはよく、糸引き納豆にはたんぱく質やでんぷんを分解する消化酵素が豊富に含まれているので、よく噛まなくても胃腸への負担は少ない。

さらに、最近は糸引き納豆にいくつかの健康的機能があることも注目されている。血栓の予防に役立つナットウキナーゼ（※注）や、血圧の上昇を抑える酵素（アンジオテンシン変換阻害酵素）

が含まれるほか、納豆菌は外来の病原菌をやっつける力も強い。

たとえば病原菌O－157が流行ったとき、私の研究室と発酵会社の研究所が共同で、実験用のシャーレの中で納豆菌と病原性の大腸菌を闘わせる実験を試みたところ、なんと納豆菌が百戦百勝という結果になった。納豆菌の力はすごいのである。なお、納豆のあの特有のくさみの主成分はテトラメチルピラジンという物質で、納豆菌がつくる。

糸引き納豆は日本以外にもある。基本的に、米作地帯で、大豆もつくっている地域なら、たいてい納豆がある。なぜなら、稲ワラには納豆菌が多いので、煮た大豆がその上にたまたま転がっているだけでも、納豆菌が繁殖して自然に納豆ができるからだ。

だから、米と大豆を食べている東アジアと東南アジアに行くと、街の市場でも田舎の路上でも糸引き納豆をよく見かける。

中国では黄河流域以南、とくに雲南省のプーラン族やミャオ族、広西壮族自治区のチュワン族の間で広く食べられていて、雲南省の市場では「豆鼓《トウチ》」または「豆司《トウチ》」の名で売られていた。中国では主に油で揚げて食べている。これはこれで香ばしくてうまい。

タイ北部からミャンマーのシャン高原にかけての地域には、煮た大豆を無塩下で数日間発酵させてから搗《つ》き砕き、さらにそれを薄い円盤形に成形して乾燥させた保存食納豆「トゥア・ナオ」がある。油で揚げて食べたり、粉に砕いたものを調味料として使っていた。

ミャンマーには「トゥア・ナオ」以外にも、シャン州に行くと「ペーポー」という納豆もあった。このほか、ヒマラヤ山系の東部ネパールやブータン、インド州シッキム地方には「キネマ」、インド北方でミャンマー国境周辺のナーガーランド地方には「アクニ」という納豆がそれぞれある。

韓国の糸引き納豆は「チョンクッジャン」と呼ばれている。チョンクッジャンは、日本の糸引き納豆と同じく、煮た大豆を稲ワラで包んでつくられる。汁ものにして食べるのが一般的なようだ。

このように、海外では、日本のように糸引き納豆をごはんにかけて食べるといった食べ方はほとんどなく、たいてい野菜や肉、川魚などと共に加熱調理して食べられていた。これはいろいろ理由が考えられるが、ひとつは米の違いがあるだろう。中国や東南アジアの米は粘り気のないインディカ米であるのに対し、日本の米は粘り気のあるジャポニカ米だ。ジャポニカ米は、糸引き納豆のネバネバと非常に相性がいいのである。

糸引き納豆は食べる前によくかきまわして糸を多く引かせたほうがうまくなる。粘り気をより多く出すためには、醤油や薬味を入れる前にしっかり練ることがポイントだ。

以下に私が考案した、くさくてうまい糸引き納豆のオリジナルレシピ3品を紹介する。

（※注）抗血栓溶解薬ワルファリンを服用中の方は、納豆の食べ方について主治医と要相談。

【納豆醬油】　くさい度数 ★★★

小泉流・糸引き納豆（以下、納豆と呼ぶ）のうまい食べ方その1が、この納豆醬油である。納豆といえば醬油をかけるのが通例だが、私はあるとき「そうだ、醬油の中に納豆を入れてしまおう！」と思いついた。文字どおり、逆転の発想である。これがまた、予想以上にすばらしいものに仕上がったのである。

用意するものは、醬油（1リットル）、納豆（大粒のもの3包）、板コンブ（1センチ四方に切ったものを10～15片）、ニンニク（小片5個）の4つ。

まず醬油をボウルに開け、そこに納豆を粒のまま入れる。それをよくかきまぜ、そこに板コンブとニンニク（ぶつ切り）を入れて、醬油の入っていたペットボトルに戻す。あとはボトルの蓋をしっかり締めて、1日1回、カパカパと上下に振っていれば、5日目くらいにはうまい納豆醬油ができあがる。

醬油を小皿に出してみると、注ぎ口からタラーリと糸を引きながら出てくる。この粘りは、納豆とコンブの両方から出てきたものだ。納豆のくさみがちょうどいい具合についていて、そこにニンニク臭も加わり、においを嗅ぐだけで食欲が湧いてくる。

もちろん、味も絶品ですぞ。さまざまなものに利用できるが、とりわけ刺身につけるとうまい。

カツオの刺身やたたき、マグロのぶつ切り、やまかけあたりも、じつに嬉しい味になる。あと、菜っ葉の漬物にもおすすめである。ハクサイ、野沢菜、広島菜、高菜などに、この納豆醤油をたらし、白いごはんを巻くようにして食べてごらんなさい。もう他のおかずなど必要ないくらい美味である。忙しいときは、炊き立てのごはんにそのまま納豆醤油をかけてもいい。そこに生卵をかければなおうまくなる。

納豆醤油を全部使ったあと、ボトルの底に残った大豆と板コンブとニンニクも、納豆醤油のうまみを十分に吸い込んですばらしい食材に変身している。もしもこれを捨ててしまったら、納豆醤油の愉しみを半分放棄したことになるので要注意である。

使い道はいろいろあるが、私がいつもやるのはお茶漬けならぬ、湯漬けである。大豆はよく叩き、板コンブは千切りにし、ニンニクは細かく刻んで、3品をよく混ぜ合わせ、丼に盛った熱々のごはんにのせて、熱湯をかけて食らうのだ。あまりのうまさに、気づいたら、丼と箸以外は胃袋にすっ飛んで入っている始末である。また、3品混ぜ合わせたものを握り飯の中に入れたり、粥《かゆ》にのせて愉しむのもいい。

とにかく、納豆醤油は使い道が広いので、ぜひともお試しください。

【納豆とくさやの「天狗印茶漬け」】　くさい度数 ★★★★

この本に最適のレシピが、天狗印茶漬けで、じつにくさくてうまいというか、うまくてくさいというか、他に類を見ない味とにおいの茶漬けだ。これも私の秘蔵レシピである。

用意するのは、納豆（半包）、くさやの干物（半身）、とろろコンブ、三つ葉、番茶、練りガラシ、塩である。とろろコンブと三つ葉は自分の好みの量でいい。くさやの干物が手に入らないときは、「焼きくさや」という商品名でビンに詰めて売っているくさやで代用できる。

炊き立てのごはんを丼に七分目くらい盛って、この上に焼き立てのくさやをほぐして散らす。そして、納豆、とろろコンブをのせ、塩を少量ふって、熱湯で煎じた番茶を注ぎ、練りガラシ（多め）と三つ葉を薬味に入れて、ざっとかきまわしてからガツガツとかっ込む。これがまたすばらしい。納豆とくさやのうまみとくさみが、口と鼻に絶妙なハーモニーを奏でてくれるのである。おそらく誰もが人生で初めて出合う味とにおいだろう。

そして、清らかな芳香を放つ三つ葉を薬味に使っているところも、この茶漬けの大きなポイントである。まさに丼の中で美女と野獣がワルツを踊り、そのまま軽快なステップで胃の中へ入っていくイメージだ。このとき、とろろコンブのヌラヌラとしたぬめり感が、舌のすべりをよくし、のどごしをなめらかにして、美女と野獣を胃の中へと誘《いざな》うのである。

世の中には、世界の高級レストランを巡り、フレンチだ、イタリアンだと外国料理の自慢話ばかりしているような人がいる。私はそういう人にあえてこの茶漬けをだすようにしている。すると、例外なく大感激する。日本の食べもののすばらしさを思い出し、自分が日本人であることに感謝するのだ。

ところで、納豆やくさやのような発酵臭は、「少々、猥褻《わいせつ》な感じがする」といった好事家がいた。それは当たっているのかもしれない。天狗印茶漬けの名はそこに由来する。

【納豆汁】　くさい度数　★★★

もっとシンプルに納豆の味を堪能《たんのう》したいという人には、納豆汁をおすすめしたい。

納豆汁は、すり鉢でよくすった納豆あるいは包丁でよく叩いた納豆（この納豆を「ひき割り納豆」という）だけを具にし、あとは何も入れないのが基本である。なぜなら、納豆汁は、口の中でそのなめらかさを愉しむ料理だからだ。

とはいえ、納豆汁のなめらかな味わいを邪魔しないものであれば、入れてみるのもいい。さいの目に切った絹ごし豆腐や、ナメコ、ジュンサイ、オクラなどはよく合う。また、納豆汁を椀に盛るときに、さいの目に切ったとろろイモを加えるのも絶品だ。とろろイモのしゃりっとした感触に、納豆のヌルリツルリ感、そしてとろろからもヌルリツルリが出てくるので、哲学的な妙味が味わえる。味を濃くしたいなら黒とろろ、上品な味に仕立てたい人は白とろろを選ぶとよい。

味噌は好みでいいが、私はもっぱら豆味噌系の八丁味噌と溜《たまり》味噌を使う。両者とも、大豆麹と食塩のみでつくる味噌なので、納豆の風味によく相乗する。

とろろコンブを使った納豆レシピとしては、私が「黙って3杯」と名づけた納豆の汁ものもうまい。文字どおり、黙って3杯お代わりしたくなる汁もので、これも非常にシンプルで、用意するのはひき割り納豆（1包）、とろろコンブ（適量）、ネギだけである。

カツオ節だけでとったダシに、淡口醤油を合わせ、やや薄めの汁をつくる。これをひき割り納豆ととろろコンブを入れた椀の中に注ぎ、ネギのみじん切りをパラパラとまけばできあがりである。簡単にうまいものが食べたいときには最高である。

疲れているときでも、この汁を1杯飲むと体がすーっとラクになる。もっといえば、この汁のにおいを嗅いだだけで心身が癒される。とろろコンブから出てくる北海の潮の香りと、南国黒潮育ちのカツオ節から出てくる香ばしいにおい、そして納豆の発酵臭、醤油の熟成香――まさに日本人の求めるにおいがあふれているからだ。

もうひとつ、シンプルな納豆汁とは別に、呉汁に納豆を入れた料理もじつにうまいので紹介する。呉汁は全国各地に伝わる郷土料理で、水につけてやわらかくした大豆をすりつぶし、それを煮だし汁で煮立て、野菜を加えて味噌で味付けをするのが基本形だ。地方によっては、味噌は使わず、塩や醤油で仕立てるところもある。

この呉汁に納豆を加えると、大豆、味噌、納豆という、大豆三兄弟がひとつの鍋に会することとなり、それはそれはコクのある、うまみの濃い汁に仕上がる。

材料は、納豆（1包）、大豆（カップ1）、味噌（適宜）、豆腐（1丁）、コンニャク（3分の2枚）、油揚げ（1枚）、ダイコン（少々）のほか、薬味としてセリ、ネギを用意する。

油揚げは熱湯をかけて油抜きしたあと、汁ものに合う大きさに切っておく。コンニャクは一度ゆでてから5ミリ角に切る。豆腐はさいの目切りにし、ダイコンはいちょう切り（小さめ）にする。大豆は水に一晩漬けてやわらかくなったものをザルにあけ、水を切ってからまな板の上で細かくなるまでよく叩く。さらにそれをすり鉢で丹念にすりつぶし、ペースト状にする。

さて、主役の納豆だが、これもまな板の上で細かく叩いてから味噌を加え、よく混ぜたあと、すり鉢でていねいにすりつぶす。

鍋にダシ（5カップ）を入れ、油揚げ、コンニャク、ダイコンを入れて少し火が通ってきたら豆腐を加える。沸騰直前に、すりつぶした大豆を入れて再び煮立て、次に沸騰しそうになったところで、今度はすりつぶして味噌を加えた納豆を入れ、静かに2～3度かきまわし、ひと煮立ちしたらできあがりである。

椀に盛ったあと、セリとネギのみじん切りをちらし、好みで七味唐辛子をふって食べる。その滑らかで豊醇な味は、決して大げさでなく、腰を抜かすほどのものである。もちろん、においもすばらしい。納豆のにおいに、味噌の香りや薬味の芳香が加わり、鼻の穴をどんどん攻めてくる。

役者に不足はないから、互いにいいところを引き出し合って、絶品の味に仕上がるのである。

いずれの納豆汁も体が芯からぽかぽか温まり、たった1杯で幸せを感じることができる。

【納豆モチ】 くさい度数 ★★★

秋田県仙北《せんぼく》郡に住んでいる友人宅で、納豆モチをご馳走になったことがある。

この友人の家の近くに、地元でよく知られた和菓子屋があり、そこに前日から頼んでおいたという搗《つ》きたてのモチを取りにいって、まだ温かいモチを手でちぎり、それに納豆をからめて芥子《からし》醤油で食べたのである。

モチと納豆がこれほど相性がいいとは、このとき初めて気がついた。人肌のようにやわらかい搗きたてのモチが、くさい納豆のヌラヌラにまみれると、そのモチ肌は納豆のヌラヌラ以上にすべすべになって、口に入れて2回、3回と噛むうちに、あああ、まだダメ、あああもう少し、という間にすっと胃袋のほうに消えていってしまうのだ。それがもどかしくて、もうひとつ、もうひとつと手が出てしまう。誰かが止めてくれなければ、モチがのどに詰まって死ぬまで食べ続けるのではないかと心配になったほどだ。まさに魔性の食感、魔性のにおいなのである。

ふつう、食べもののうまみは、舌の味蕾《みらい》という器官で感じるが、納豆モチのうまみは舌ではなく、鼻とのどから脳に伝わっていく感じだった。ヌラヌラとした納豆モチがすべすべになって口からのどへ入っていくとき、艶《なま》めかしい発酵臭と食感に酔い痴れてしまうのである。これぞまさしく「のどごしのうまさ」というものか。気づいたら、ヌラヌラの納豆モチが12個も胃袋の中に収まっていた。

【納豆ラーメン】　くさい度数　★★★

秋田市では思いがけない出合いもあった。市街地を車で走っていたら「納豆ラーメン」という看板を掲げた店を見つけたのである。

誰よりも納豆好きを自負している私だが、うかつなことにこのときまで納豆とラーメンの組み合わせを試したことがなかった。興味津々で店へ入って、迷いなく納豆ラーメンを注文した。

納豆ラーメンが出てくるまでの間、いったいどんなものなのだろうとあれこれ考えていた。おそらく、ふつうのラーメンに納豆の粒がぷかぷか浮いているくらいのものだろう、と軽く考えていたら、意外にも、出てきたラーメンは、外見上、ふつうのラーメンと何ら変わりなかった。麺の上にはメンマと焼き豚とネギがのっているだけで、納豆の姿は見当たらない。

不思議に思いながら、食べてみて驚いた。一口食べて「ややくさいがうまいっ」、二口食べて「ややくさいがスゴイっ」、三口目には「ややくさいが参った」と感心するばかりだった。そのラーメンの汁が、納豆をよくすりつぶしてから布で漉《こ》し、トロントロンの納豆汁をベースとした汁だったのだ。

ラーメン特有のスープのダシ殻《がら》のうまみに、納豆の奥味がついて、あまりのうまさに七転八倒する思いだった。

【納豆とイカの腸の和えもの】　くさい度数　★★★

日本はイカを世界一よく食べる国である。だから、ゴロまたはコロともいうイカの腸《わた》も世界一たくさんあるわけだが、私が知るかぎりこれが十分に有効活用されていない。とくに家庭では、まれに塩辛づくりに使う人がいるくらいで、たいていは下ごしらえの段階で取り除かれ、捨てられている。これは非常にもったいないことだ。

イカの腸は、陸上動物でいうと肝臓に当たる。つまり、レバーだから、本来は一番うまみのあるところなのである。

実際にイカの腸は、たんぱく質と脂肪をはじめ、グリコーゲン、アミノ酸、ペプチドなど、うまみとコク味を生み出す成分の宝庫である。しかも、タウリンやビタミン群、ミネラルといった健康管理に役立つ成分も含まれている。そんなすばらしいイカの腸をもっと活用してもらうために、「納豆とイカの腸の和《あ》えもの」のレシピを紹介しよう。

新鮮なイカを購入し、腸を傷つけないように袋ごとコロリと取り出し、塩をふって置いておく。

1時間ほど経ったら、アルミホイルに包んで直火で焼き、ほどよく固まってきたところで火を止め、アルミホイルから取り出す。そして、外側の薄い皮を破り、中からペースト状の腸を取り出し、これに醬油を落としながらよく練った納豆を和えるのである。

納豆とイカの腸を組み合わせると、おもしろい食感が生まれる。ふつう、納豆の和えものというと、納豆のネバネバが前面に出てくるが、イカの腸は納豆のネバネバをきめ細かな粘りにするとともに、少し重い感じのネトネト感に変えてしまう。においも凄《すさ》まじく、納豆のにおいに生ぐささが加わって、イカ好き、納豆好きの人間にはたまらないGOODなにおいが醸し出されてくる。

【納豆のピータン和え】　くさい度数　★★★

中国料理の前菜でピータンという卵の加工品がよく出てくる。ピータンの原料はアヒルの卵である。殻がついたままのアヒルの卵の表面に、特有の漬け床（塩や石灰、草木灰、土などをこねたもの）を厚さ1センチほどつけて、かめの中で3～6ヵ月間密閉貯蔵してつくられる。この間、漬け床のアルカリ成分が卵の内部に浸透して、卵白と卵黄のたんぱく質を変性させ、ピータン特有の形状をつくり出す。すなわち、卵白はゼリー状となり、全体が青黒く変色するのだ。

ピータンは私の大好物でもある。そこで、大好物同士を組み合わせた「納豆のピータン和え」

を試しにつくってみたところ、これがびっくりするほど大成功だった。

まず、納豆に醤油をたらしながらよく混ぜて、ネバネバにしておく。そして、ピータンの殻をとって、ピョロンと出てきた卵を縦横に包丁を入れてみじん切りにし、これを先の納豆に混ぜるのだ。

ピータンと納豆を混ぜるときは、さっとかき混ぜるのがポイントである。肩や手に力を入れて強くかき混ぜると、みじん切りにしたピータンの切り口がつぶれて食感を損ねるので要注意である。

薬味にはカイワレダイコンの葉がよく合う。適当な大きさに切ってパラパラッとふって食べると、ピータンのコク味と、納豆の押しの強いうまみが見事に調和し、そこにカイワレダイコンのピリッとした辛味と苦味がアクセントとなる。一方で、ピータンのややかすれた感じのアンモニア臭と硫化水素臭のくさみが、納豆のくさみと絡み合って鼻孔をくすぐってくる。

ごはんにかけてもよし、酒の肴にしてもよしの一品である。

【干し納豆】　くさい度数　★★★

糸引き納豆を干して乾燥させたものが、干し納豆である。水分が失われた分だけ、味が濃くなり、保存性も高まり、料理への応用範囲もぐんと広がる。もちろん、そのまま食べてもうまい。

干した納豆の粒をポケットに入れてもち歩き、小腹が空いたら食べる、なんてことも可能になるのである。

「干してしまったら、納豆のネバネバが失われてしまうのでは？」

納豆好きの人はそうした心配をするかもしれない。しかし、これが大丈夫なのである。一見、乾いてにおいも粘りも失ってしまったかのような干し納豆だが、口に含めばあら不思議。唾液にまみれるうちに本来のヌラヌラがよみがえり、糸を引き、そしてあのくさみもちゃんと納豆の中に内蔵されていて乾燥前と同じような風味になるから嬉しい。

東北地方ではわりとポピュラーで、地域によって塩納豆、干し納豆、乾燥納豆、手握り納豆などさまざまな名前がつけられている。つくり方はさまざまで、乾燥した納豆を搗《つ》いたりひいたりして割ったものと、粒のままのものがある。

納豆を片時も手放したくない私は、市販の納豆を使ってこれも自分で次のようにしてつくっている。

用意するものは納豆（10包）、シソの葉（10枚）、片栗粉（小さじ2）、塩（小さじ2〜3）である。数量はあくまで目安なので、自分の好みで加減していただいて構わない。シソの葉を使うのを意外に思う人もあるかもしれない。しかし、いろいろ試した結果、乾燥したネギやカラシ粉よりも、一番よく合ったのが乾燥したシソの葉で、乾燥した納豆の香味をじつにうまく生かす。

まずシソの葉を天日で数日干してペラペラにし、手でもんで粉にする。そして、納豆に片栗粉、シソの葉の粉、塩を入れてよく混ぜ合わせ、それをうすく広げて天日で4～5日干せばできあがりだ。

手づくりの干し納豆は、市販品のようなカリカリしたものではなく、やや湿り気のある、生干しタイプに仕上がる。このまま食べてもうまいが、天日干ししたあと焙烙《ほうろく》で煎《い》ると、香ばしさが出て、よりうまくなり、保存性も増す。

私はこれを酒の肴としてよく食べる。濃厚なうまみが口に広がるので、干し納豆に負けない濃い酒を選ぶのがポイントだ。日本酒なら純米酒がいい。

もちろん、ごはんのおかずにしてもうまい。熱くしたごはんを丼に盛り、そこに干し納豆をふりかけて熱湯を注ぎ、湯漬けにするのである。

胃袋が空っぽの朝などは、干し納豆を白湯で愉しむのも一興である。好みの量の干し納豆を湯飲み茶碗に入れ、熱湯を注いで2分くらいおいてから、箸でさっとかきまわし、じっくりと味わう。

第 5 章

大豆製品

Soybean products

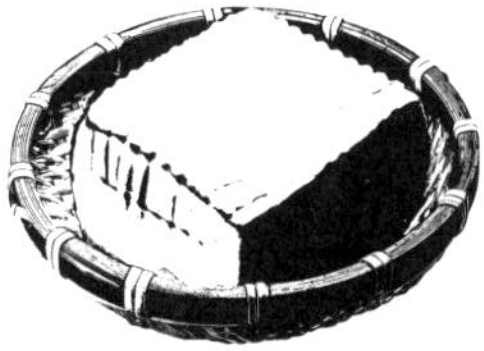

【腐乳《フウルウ》（臭腐乳）】　くさい度数　★★★★★以上

腐った乳とはまた、じつにくさそうな名前である。名前を見ただけでいったいどんな食べものなのか、読者のみなさんもわくわくするだろう。

「腐った乳だからヨーグルトでは？」

そんな声も聞こえてきそうだが、残念ながらそうではない。腐乳というのは、中国大陸や台湾でごく普通に食される豆腐の発酵食品である（ちなみにヨーグルトは中国語で「乳腐」と書く）。

豆腐はもともと腐りやすい食品だが、発酵させると腐らない。これも保存性を高める目的でつくられた珍品である。腐らないのに「腐」という字がついているのもおもしろいが、中国語で「腐」というのは「やわらかくてぶよぶよした固体」のことを指す。豆がぶよぶよしているから豆腐というわけだ。

豆腐の発祥地である中国にはさまざまな豆腐がある。そのなかでもユニークな存在なのが、この腐乳である。中国では腐乳を次のような手順でつくっていた。

まず、水分含量の少ない硬めの豆腐をつくる。それを適当な大きさに切ってセイロ状の箱に入れ、稲ワラを敷いた土間に積み重ねておく。１週間ほどして豆腐の表面にカビが生えてきたら、塩水（約20％）に漬けてカビを落とし、かめに入れて白酒《パイチュウ》をふりかける。あとは竹の皮と縄でかめの蓋を閉じ、泥の中に埋めて発酵・熟成させれば、１～２ヵ月でできあがりだ。

発酵中に豆腐に酸味がつくと同時に、チーズに似た猛烈に強い酪酸臭が付加される。初めてこの珍品豆腐に出合った人は、そのにおいを嗅いだだけで鼻を押さえて逃げ出すことだろう。そのくらいくさい。

しかし、そのにおいに負けずに食べてみると、驚くほどマイルドでクリーミーな味わいに感動するはずだ。塩味も効いていて、コクもある。

西洋では「東洋のチーズ」「チャイニーズチーズ」とも呼ばれているが、確かにカマンベールチーズと共通するにおいと舌ざわりをもっている。においに慣れてしまえば、あとはやみつきになること請け合いである。

中国では、この腐乳を朝食の粥《かゆ》に添えて食べるのが一般的である。粥と別々に食べるとおかずになるし、粥の中へ入れれば調味料になる。そのほか、ペースト状にして鍋ものに入れたり、炒めものに加えてもうまい。発酵による特有のくささとコクのある味は、中華料理にとてもよく合う。

和風に食べるなら、納豆と組み合わせて食べるのがおすすめだ。くさい仲とはよくいったもので、くさい者同士の組み合わせは、馴れ合いの性《さが》により、見事に調和するのである。

【血豆腐《チトウフウ》】　くさい度数 ★★

中国の貴州省、雲南省、広西壮族自治区、四川省あたりの自由市場へ行くと、じつにさまざまな食材・食品が売られている。ひときわ目をひくのが、赤い色をした原種の食品だ。目の痛くなるような赤いニンジンや赤カブ、トマト、トウガラシ、赤米、赤ダイコン、赤サツマイモなどが、あちこちの店頭を彩っている。肉売り場も例外でなく、肉はもとより、舌、臓物、そして牛の顔まで赤なのである。

初めて訪れたとき、赤い色に圧倒されながらうろうろしていると、市場の一角で、より鮮やかな真紅のモノが丼に盛られ、いくつも並べられている光景を目にした。「まさか血を丼に入れて売っているのか?」と冗談でつぶやいたら、当たらずとも遠からずだった。それはなんと、豚や鶏などの鮮血にさまざまな香辛料を加え、豆乳に混ぜて固めた「血の豆腐」だったのである。唖然としたのはいうまでもない。

中国はとにかく畜肉を調理するにあたって、血の一滴も無駄にはしない。そのことはじつにすばらしいのだが、血豆腐はあまりにも生々しくて、さすがの私も血の気が引いた。

じつは中国にはもうひとつ赤い豆腐がある。こちらは豆腐に紅色の色素を生成する紅麴菌《べにこうじ》（発酵菌の一種）を繁殖させてつくられたもので「紅豆腐」と呼ばれる。これに対して、私が市場で目にしたものは、本物の血でつくった赤い豆腐ということで、正式には「動物性鮮血紅豆腐」というらしい。

最初こそ、この血豆腐の見た目に衝撃を受けた私だったが、やがて生来の好奇心が首をもたげてきて、血が騒ぎ出した。市場の赤色に影響されたのかもしれない。丼に入った血豆腐を１丁（１丼）買ってみたのである。宿泊所へ戻るまでの道すがら、ちょっと味見しようとしたら、同行していた中国人にいきなり怒鳴られた。

「こらっ！　先生ダメだよ、生で食っちゃ！」

その声にはっと我に返った。そうだった。日本の冷奴のようなつもりで安易に口へ入れようとしたが、中国の料理はたいていどんな食べものでも一度必ず火を通すのが原則なのである。うっかり口にすると、あとでおなかが大変なことになったりするからだ。

血豆腐の場合は、蒸しものにしたり、野菜などと一緒に炒めて食べたり、鍋料理に入れたりするのが一般的なのだという。

宿泊所へ戻ってから、さっそく加熱調理して食べてみた。豆腐本来のさっぱりした風味とはほど遠い、なかなか奥味の効いた味わいであった。〝奥味の効いた〟とは、我ながら上手い表現だ。具体的にいうと、鉄くささがやたら鼻につく、鈍いような重いような、決しておいしいとはいえない味だった。くさい食品としては、まあまあの合格点である。

【大腸《タアチャン》血《チ》豆腐《トウフウ》】　くさい度数 ★★

中国の貴州省で、ある一軒の農家の前を通りかかったとき、たまたま豚を解体していたのを見ていたところ、大腸血豆腐をつくるところを目にすることができた。大腸血豆腐とはまたすごい名前だが、簡単にいうと血豆腐の腸詰めである。

まず豚の血にニンニクやトウガラシなどのさまざまな香辛料を加え、そこに自家製の豆乳を混ぜて固め、血豆腐をつくる。それを豚の腸に詰めて、血豆腐のソーセージにしていく。そしてそのソーセージを百菜《パイツァイ》という大きな菜っ葉にくるみ、蒸し上げればできあがりである。

見た目は、高菜漬けで包んだおにぎりを大きくしたような感じであったが、その家の人のご厚意で、ひとつ食べさせてもらうことができた。

口に入れて噛むと、葉がゴワゴワして食べづらい。それでも噛み続けていると、特有の粘りとやわらかい豆腐の感触がしてきて、「これはなかなかいけそうだわい」と嬉しくなった。その直後である。鉄錆《てつさび》くさい血のにおいが鼻にガーンと押し寄せてきて、一瞬恐ろしさを感じ、次にしょっぱいような、鈍くて重い、えぐい味が口の中にあふれ出した。「ああ、これはもう私の大脳味覚野を破壊してしまうぞ」と思い、金輪際こんな不味いものは口にするものかと心に誓いながら、目をつぶって飲み込んで退散したのであった。

【臭豆腐《チイトウフウ》】　くさい度数　★★★★★以上

いよいよ、この本のためにあるような名前の豆腐を紹介しよう。その名もズバリ「臭豆腐」である。字を見ただけで、食べる前からくさいことは明らかである。

腐乳や血豆腐もくさいが、豆腐の上に「臭」の文字を冠するこの臭豆腐は、他の豆腐の追随を許さないばかりか、多くの発酵食品の中でもベスト5に入るほど猛烈なくさみをもっている鼻曲がらせの食べものである。とにかく驚異的なくさみをもっていて、たとえるなら、くさやとフナ鮓、ギンナンを踏みつぶしたものに、再びくさやの漬け汁をかけ、そこに肥溜《こえだめ》とウンチのにおいを混ぜたような壮絶なにおいである。ひどいたとえようだが、くさいもの好きの私にとっては最大の褒め言葉なのである。

臭豆腐は、中国大陸の浙江省や福建省、さらに台湾などで食べられている発酵豆腐の一種で、そのつくり方は、同じ発酵豆腐の腐乳《フウルウ》（↓180頁）に似ているが、臭豆腐の場合は、納豆菌と酪酸菌で発酵させたものをさらにもう一度、発酵している塩汁の中に漬けて発酵・熟成させるものと、酪酸菌や乳酸菌、納豆菌、プロピオン酸菌などで、強烈なにおいをもつ漬け汁を発酵させておき、その発酵汁の中に豆腐を漬けるタイプのものの2種がある。漬け汁の中では、食塩の存在下で発酵菌がひしめき合いながら繁殖合戦を繰り広げているため、それが猛烈なくさみを生みだすのである。その猛烈なくさい汁に漬けるのだから、凄《すさ》まじいにおいの豆腐ができあがるのは当然の結果で、1年間漬けると、それはそれは激烈なくささになる。

私がこの臭豆腐を初めて食べたのは、ずいぶん前のことだ。台湾の台南市へ行ったとき、タクシーの運転手さんに臭豆腐を食べたいと話したら、民族路に最高にうまい専門店があるといって連れて行ってくれたのである。台南市の西門円環の角から約900メートルにわたる民族路の両側には、夜になると100店を超える屋台が出て、その中に数軒の臭豆腐店があった。

タクシーがその周辺に着き、降りようとすると、なんともいえないにおいが漂ってきた。「くさいねえ」と運転手さんにいうと、ここの臭豆腐は大陸のものよりくさみが強く、風上に臭豆腐屋があると、風下の人はいたたまれないほどだという。地元の人でも食べられない人がいると聞いて、私の期待が最高潮に達したのはいうまでもない。

目的の店へ入ると、ウワサに違《たが》わぬ強烈なくさみがたちこめていた。おすすめの料理を頼むと、4センチ角くらいに切ったものを油で揚げて出してくれた。熱々のその臭豆腐に芥子《からし》醤油をつけ、ふーふーしながら口に入れてみる。すると思わず「えっ」と声が出た。店内に漂う悪臭がウソのように、揚げた臭豆腐は食欲をそそる肉感的で香ばしいにおいに大変身していたのである。しかも、じつに美味である。私はちょっと拍子抜けしてしまったが、そのうまさを堪能《たんのう》したことを覚えている。まさに野獣が美女に、地獄が天国に大変身したかのようなものであった。どうしてあのくさみが一瞬にして食欲をそそるにおいに変わったのか。じつはそれが発酵のマジックなのである。とにかくも、とても不思議な体験だった。

中国では、あえてくさい臭豆腐をそのまま酒の肴にする好事家もいるようだ。これはくさや好きの私にはよくわかる。逆に意外だったのは、最も一般的な食べ方が、朝食の粥《かゆ》のおかずにするということだった。朝からこんなくさいものを食べるのは不思議な気がしたが、しかし、粥の上にこの臭豆腐の小片をのせ、少しずつ箸でちぎって粥とともに食べると、うまみはもとより、食べ慣れてくるとそのにおいで食欲が湧き立ってくるのだろう。

臭豆腐は、発酵菌のつくり出すビタミンB群（B_1、B_2、B_6、パントテン酸、ニコチン酸など）をバランスよく含み、また肝臓強化や疲労回復に役立つ各種の活性ペプチドも含んでいる。だから、夏バテや体調不良で食の進まないときは、臭豆腐入りの粥は最高の滋養食となるのは間違いない。

これも試しに納豆と和《あ》えて食べてみたら、やはりうまかった。臭豆腐と納豆はどちらも大豆発酵食品だから、相性は抜群で、お互いのくささが見事に融合してすばらしいくさみをもった酒の肴となる。ただし、この肴は、よほどあの手のにおいに傾倒している者でないと受容不可能であることを申し添えておく。

第 6 章

野菜・果物

Vegetables/Fruits

【ギンナン（銀杏）】　くさい度数★（殻無し）、★★★★★（殻付き）

これまで文中で何度も「ギンナンを踏みつけたときのようなにおい」という表現を使ってきた。猛烈にくさいときに、私がよく使う比喩である。子どもの頃、遊んでいる最中に誤って何度も踏みつけ、ウンチのようなひどいにおいに辟易した記憶が未だ強く残っているのである。つまり、踏みつぶしたギンナンは、トラウマになるほどくさいのだ。

都会の街中でも、ときおりそのにおいに遭遇することがある。ギンナンは、ご存じのようにイチョウの種子だが、イチョウを街路樹にしているようなところでは、ギンナンが落ちる晩秋になると、通りゆく人びとがうっかりギンナンを踏んでしまう、といった「事故」がしばしば起こる。踏んだ人の悲劇はもちろんだが、踏んでつぶれたギンナンのにおいは、その後、辺り一帯に漂うことになる。

ギンナンのにおいの本体は、酪酸、カプロン酸や吉草酸という成分で、ギンナンの外側の果肉状の皮（種《しゅ》鞣《しょう》肉部）に存在している。そのため、踏みつぶすとこの皮が破れて悪臭成分がどっと放たれるわけである。

だから、果肉状の皮を取り除けばにおいはなくなるわけだが、皮をむくときににおいと格闘しなければならない。皮膚についたらカブれてしまうこともある。先人たちも苦労したに違いない。

しかし、人類の「食べたい」という欲求は、すばらしい知恵を生み出すのである。いつの時代からか、ギンナンを土に埋めておくと皮が自然に剥落《はくらく》し、皮が剝《は》がれやすくなることを発見したのである。

なぜ土に埋めておくと皮が剝がれやすくなるかというと、土の中の微生物が皮の組織を破壊してくれるのだ。とはいえ、掘り出すときのにおいは覚悟しなければならない。

皮がむけるとラグビーボール形の白果が現れる。これを水で洗い上げて乾燥、貯蔵し、食用とするのである。

食べるときは殻に傷をつけてから焙烙《ほうろく》または金網で煎《い》り、硬い殻を叩き割って中身（仁）を出し、薄い渋皮を除いて料理の材料とする。最も素朴でうまい食べ方は、塩をまぶしての串焼きで、その味は種子の王者といってよい。寄せ鍋や茶碗蒸し、土瓶蒸し、かやく飯などに入れると、彩りがきれいでモチモチした食感も愉しい。苦味と若干のにおいがまた、食味のアクセントになって嬉しいのである。

ギンナンは、でんぷん質が豊富で、たんぱく質、脂質、レシチン、ビタミン、ミネラル、エルゴステリン（ビタミンD前駆体）、なども含まれていて、栄養豊富な種子である。

【ドリアン】　くさい度数　★★★★

くさい果物といえば、ドリアンを真っ先に思い浮かべる人が多いのではないだろうか。私も同感である。

ドリアンは東南アジア原産の果実で、タイ、マレーシア、インドネシア、フィリピンなどで多く栽培され、日本の市場ではタイ産のものが多くを占めている。果実の重さは平均2〜3キロだが、品種によって異なり、小さなものでは500グラムほど、最大になると5キログラムを超えるものまである。

ドリアンの「ドリ」はマレー語でトゲ（刺）を意味する。その名のとおり、果実の表面はトゲで完全武装されている。トゲといっても大型のドリアンは人の頭くらいの大きさがあるから、トゲも太くて硬い。近くで見ると、まるで鋭い剣が全面から突き出ているような外観に圧倒される。「果物の王様」というニックネームがついているのもよくわかる。その呼び名にふさわしい威容なのである。

ドリアンの王様ぶりは見た目だけではない。値段が恐ろしく高く、品種や大きさによっては1個1万円前後するものも珍しくない。

もちろん、においも王様クラスだ。ドリアンの果肉には強烈な臭気があり、よく「腐ったタマネギのようなにおい」と表現される。初めてにおいを嗅いだ人にとっては苦痛以外の何ものでもないが、一度食べるとやみつきなり、借金してでも買いたくなるといわれるほどうまいのである。これが王様ドリアンの真骨頂だ。

ドリアンを切ると中は5つの部屋に分かれていて、各室に1個または2、3個の栗の実大の種子がある。その種子の周辺に淡黄色のクリーム状の果肉があり、外観とにおいからは想像ができないようなうまさなのである。クリーミーな舌ざわりで甘味があり、上品で高級なアイスクリームを食べているような感覚である。

この味を知ってしまうと、ドリアンのにおいにも愛着が湧いてくるから不思議だ。ドリアンが王様と呼ばれる一方で、「悪魔の果物」と揶揄《やゆ》されるのも、そうしたところに理由があるのかもしれない。

ドリアンの強い臭気をじっと鼻で観察していると、単にくさいだけでなく、南国のトロピカルな果物の芳醇な香りも確実にもち備えていて、そのにおいが内部で静かにうごめいているような感じさえしてくるのである。それはちょうどドリアンの果肉の中で、ひっそりと息づく神秘の芳香をもったお姫様を、異臭をもったトゲの強者《つわもの》たちが守っているかのようにも思われる。こんな妄想をしてしまうこと自体、悪魔のしわざかもしれぬ。

この魔性のにおいには、大変な思いをしたことがある。あるとき、那覇市の国際通りの裏にある平和マーケットの果物屋で新鮮なドリアンを見つけ、店主とかけ合って少し安い値段で1個購入し、同行者と分け合って食べたことがあった。

ふと、この果物の王様を、東京の学生たちにも食べさせてあげたいという気持ちになった（あとで考えると、これが悪魔のささやきだったのかもしれない）。そこでドリアンの一部を小さなビニール袋に包み、東京行きの飛行機に乗ったのである。

ところが、機内に入るや、手荷物の中のドリアンが袋から飛び出し、その凄《すさ》まじいにおいが周りに広がってしまったのである。白酒《パイチュウ》の失敗（↓228頁）が再現されたのだ。白酒のときもそうだったが、密室で異臭を発生させてしまった人間は、まことに心細いもので、とても平常心ではいられない。額からとめどなく汗が流れ、焦りと苛立《いらだ》ちでわずか2時間の旅が10時間以上に思えたほどである。

逃げるように空港から脱出し、なんとか家へ到着したものの、家族からも「くさい、くさい」と散々苦情の出る始末であった。それでも、学生たちが喜んでくれるのなら本望だと前向きに考え、翌日、はりきって大学へ持参し、数人の学生たちに食べさせてみた。

「どうだ？　初めてドリアンを口にした感想は？　うまいか？」

私が胸をときめかせながらそう聞くと、ひとりの学生がトーンの低い声で答えた。

「トイレでシュークリームを食べてるみたいな感じですね」

果物の王様も、そして〝発酵仮面〟の私の努力も、このひとことで斬り捨てられた。ときとして、正直な言葉は人をたいそう傷つけるのである。

ちなみに現在、東南アジアでは、飛行機内へのドリアンのもち込みを禁止している航空会社もあるそうだ。あのとき、同じ飛行機に乗り合わせた人たちには、本当に申し訳ない気持ちである。

【アボカド】　くさい度数　★★★

アボカドという果物も、独特のくさみをもっている。

アボカドは熱帯アメリカ原産で、クスノキ科の常緑高木の果実である。日本に入ってきたのはわずか100年ほど前のことだが、食用としての起源は非常に古く、メキシコの洞窟で種の化石が発見されている。中南米ではおよそ1万年前から食べられてきたと考えられていて、栽培も数千年前から始まっていたようだ。

アボカドは種類も多く、「メキシコ系」「アルゼンチン系」「グアテマラ系」の3つの系統があって、品種の数は1000以上にのぼるといわれている。そのうち、日本の市場に出ているのはメキシコ産のグアテマラ系・ハス種が主である。ハス種は皮が厚くてごつごつしていて、未熟なものは果皮が緑色をしているが、熟すと黒くなるのが特徴だ。

店頭で売られているアボカドは完熟していないものが多いので、常温でしばらく放置しておくとだんだん熟してくる。ハス種は黒くなったら食べ頃だが、熟しても緑色のままの品種もあるので要注意。スーパーではなく、八百屋さんで買えば、品種による完熟の目安を教えてくれるだろう。

完熟した黄色い果肉は、果物でありながら甘味や酸味はほとんどないが、まったりとした口当たりでコクがある。こうしたクリーミーな食感は、アボカドに多く含まれる脂肪分に由来する。アボカドは全成分の20％前後を脂肪が占めていて、「森のバター」とも呼ばれている。とはいえ、それらのアボカドの脂肪は、オレイン酸、リノール酸、リノレン酸といった体に大切な不飽和脂肪酸が中心なので、コレステロールの心配をすることもなく、健康面ではとても好ましい。

アボカドが「森のバター」と呼ばれるのは食感だけでなく、栄養的にも非常に充実しているためだ。ビタミンE、ビタミンC、食物繊維、カリウムをはじめ、ビタミンB群、鉄など、現代人にとって欠かせない成分がたっぷり含まれている。

生のまま食べてもうまいが、サラダやサンドイッチ、ハンバーガーなどにもよく使われる。サーモンと相性がよく、ワサビ醬油で食べるとマグロのトロのような味がして、酒の肴にもなるところがおもしろい。寿司ネタに使っている寿司屋もあり、また未熟のものを買ってしまったときは天ぷらにすると、これがまたうまい。

また、ちょっと変わったレシピとして、果肉に砂糖、塩、練乳などを加えてネクター状にして飲むのもおすすめだ。あるいは、酒好きの人なら、果肉の切片をシェリー酒やブドウ酒に浸して飲むと、酒にうっすらと南国のくさみが移り、トロピカルな風味で酔いを愉しむことができる。

【マーメイ】　くさい度数★

メキシコにマーメイという果実がある。熱帯中央アメリカ（一説にはアフリカ）原産のオトギリソウ科の大樹の実である。

大きさがダチョウの卵くらいあって、重さは1個200グラム程だろうか。その4分の1は種であり、10分の1は果皮が占めているので、食べられる部分は全体の半分くらいと意外に少ない。この果実は、ギンナンがつぶれたときのような、あのウンチくさい臭気が強くあって、最初はちょっと抵抗を覚えるが、食べてみると柿のような味がして、上品な甘味があり、意外な嬉しさがある。

メキシコではこれを生で食べるほか、蒸して食べたり、ジャムやシチューに入れたりする。マーメイは料理してもくさみが残っているので、慣れるまでは少し時間がかかるが、産地へ行くと不思議においしく食べられる。メキシコへ行ったときは、市場で普通に売られているので賞味されるとよいだろう。

【ニンニク】　くさい度数　★★★★★以上

　ニンニクがくさいことは、すでに周知の事実だが、くさい食品の中でもニンニクが群を抜いてすごいのは、食べた人の息までくさくしてしまうところである。夕食で思いきり食べると、翌朝になってもくさい。食べた本人はケロリとしているが、周りは逃げ出したくなるほどくさい。こんな食品はほかに思いつかない。少なくとも、植物系の食材の中で最もくさいのがニンニクといって過言でないだろう。

　そんなくさいものが歴史的にずっと食用にされてきたのには、必ず理由がある。

　ニンニクの場合は、第一に、料理の風味を高める素材としてなくてはならないものだったことが挙げられる。

　ある有名な食の達人が、「ニンニクの臭気が鼻につく人は、ニンニクのうまさを知らない人だ」といっていたが、私もそのとおりだと思う。ニンニク好きは、ニンニクを鼻にもっていく前に、口にもっていくからだ。

　私はこれまで世界各地を回ってきたが、その過程でうまいニンニク料理にたくさん出合ってきた。韓国のキムチについては291頁で述べているとおりである。また、タイには「ナムプリック」というサラダがある。このサラダは、サンバルというタレを野菜につけて食べるのだが、そのタレがじつにくさくてすばらしかった。生ニンニクと生トウガラシに、蝦醤《カピ》、ナン・プラー（魚醤）を混ぜ、すり鉢ですってレモン汁と砂糖を加えてつくったタレなのである。しかも、野菜のほうにもサヤインゲンやホウレンソウなどに混じって、ニラなどのくさい野菜が入っている。これでもか、これでもか、というくらいギンギンに辛くて、わんわんとくさくて、たまらなくうまい料理なのであった。

スペインでは、ビトリアという街の居酒屋で、スペイン産のワインの肴に「ニンニク漬け豚の腰肉の焼き肉」をしこたま食べた。できるだけ多くつぶしたニンニクに、乾燥したオレガノ（シソ科の香味草）を細かく砕いて大さじ2杯くらい加え、そこに挽《ひ》いた黒コショウと塩も加え、水でひたひたにしてから豚の腰肉を漬け込み、一晩置いて焼いたものである。これとセットで、ニンニクをオリーブ油できつね色に焦がしたときの油を吸わせたミガス（パンくず）も出てきた。

私はこのニンニク尽くしの料理に大感激して、このときは料理人を呼んで握手までしてしまった。すると、その料理人が喜んでくれて、頼んでもいないのに奥から別の料理を出してくれたのである。それはパプリカとガーリック入りのポーク・ソーセージ「チョリソ」だった。料理人いわく「そんなにガーリック好きなら、自慢のこのソーセージも食べてくれい！」とのこと。腸詰めの豚肉の中にニンニクがふんだんに入っていて、徹底的にニンニクの味とくさみが前面に出て、そこに豚肉のうまみと脂身のコク味が相乗するものだから、もうたまらないうまさだった。

フィンランドの首都ヘルシンキのホテルで夕食をとっていたときは、もっとシンプルなニンニクに感激した。夕食のメインディッシュは淡水魚のクリーム煮だったのだが、私が気に入ったのはパンにつけるガーリックバターであった。バターの塩味とコク味の中に、ガーリックの風味がうまく溶け込んで、じつにうまかった。淡水魚などそっちのけで、そのバターをつけたパンを肴にワインを飲んだのを思い出す。

ニンニクバターは自分でもよくつくる。ちょっと焦がして香ばしいにおいが立ち上るニンニクバターを、カリカリに焼き上げた香ばしいパンにのせて食べるのだ。バターとニンニクとパンの3つの香ばしさが一体となったとき、鼻は蠢《うごめ》き、口の中はふわふわとほつれるほどになる。とにかくニンニクは、どんなときも食欲を奮い立たせてくれる魔法のにおいなのである。

このように世界にはうまいニンニク料理がたくさんある。もちろん、日本だって負けてはいない。

福島県・小名浜港の近くにある宿で、魚屋の主人がもってきてくれたカツオの刺身がすばらしかった。食べる前に、一見しただけで、口からよだれがタラリハラリと出てきたほどである。なにしろ、大きな皿の上に、新鮮なカツオの刺身がきれいに並べられ、そこにニンニクのスライスが何百枚とかぶせてあったのだ。私は狂喜しながら、カツオの刺身とニンニクを次から次へ口に頬張ったのはいうまでもない。刺身にしても、たたきにしても、生ガツオとくれば大量のニンニクである。ショウガなんぞではまったくの力不足であって、なんといってもニンニクに限る。

土佐のカツオのたたきも同じで、カツオが旬のときは、他者への迷惑を顧みず、思う存分、たっぷりのニンニクをカツオと一緒に口の中へ放り込む。すると、口から食道、胃袋まで、すべてがニンニクの臭気で飽和状態となり、心の底から幸せを感じる。たまにはそんな日があっても許されるだろう。

昔の日本では、ニンニクは薬味というより、民間薬として使われることが多かったようだ。切り傷におろしたニンニクをつけたり、風邪をひいたときに焼きニンニクを食べて発汗を促したり、あるいは土用の入りにニンニクと赤豆粒（あずき）を生のまま水で飲めば疫病をまぬがれるという言い伝えや、農家の門戸にニンニクを丸ごと吊るし、疫病や魔除けとする風習もあった。いずれも、どこまで効果があったかは知れないが、ニンニクが特別な食品として扱われていたことがうかがえる。

ニンニクは強精剤としてもよく知られている。これはまんざら科学的根拠がないわけではない。ネギ類は一般に含硫化合物と含燐化合物がたいそう多く含まれていて、これらの成分は心身の活力を高めるうえで役立つことがわかっているからだ。

その証拠となるかどうか、中国の新疆《しんきょう》ウイグル自治区やタジキスタン、キルギスタンあたりの乾物屋へ行くと、カリカリに乾燥させたニンニクが、必ずといっていいほど店先の強壮品コーナーにぶら下がっている。そこにはニンニクのほかに、ヘビやトカゲの乾物も一緒に売られていて、店の主人がいうには「乾燥ニンニクと乾燥ヘビと乾燥トカゲを粉末にして混ぜ合わせて飲むと、たちどころに元気が出てくるぞ」とのことだった。

最後に、ニンニクが主役の酒の肴の簡単レシピをひとつ伝授しよう。フライパンにバター（大さじ1杯）をのせ、バターがジュクジュクと溶け出したら、ニンニクの粒（薄皮をはいだ白い小片）を20個ほど入れて、表面がうっすらと焦げ始めるまで加熱する。そこにアサリのむき身を加えてさらに炒め、フライパンから引きあげる直前に、塩、コショウで好みの味にし、そこに刻みパセリをふりかければできあがりだ。ニンニクの甘味とくさみ、アサリの濃厚なうまみがとてもよく合って、味わい豊かな逸品となる。

【ギョウジャニンニク】　くさい度数　★★★★★以上

ギョウジャニンニクはユリ科の多年草で、北海道や東北地方、長野県あたりの味覚のひとつである。北海道ではアイヌネギとも呼ばれている。収穫できるまで生育するのに数年かかり、乱獲する人もいるため、野生のものは幻となりつつある。市場に出回っているのは栽培したものが大半だが、野生のものと比べたらくさみとうまみが断然低い。

それにしても、ギョウジャニンニクとは、意味ありげな名前だ。由来としては、北海道と東北以外ではもっぱら高山でしか生育しないため、深山で修行する者、すなわち山岳信仰の行者が荒行に耐えるために食用にしたという説と、逆に、行者が食べて滋養がつきすぎると修行のさまたげになるので食べるのを禁じられたという、2つの説があるらしい。いずれにしても、ギョウジャニンニクを食べると精がつくことを示しているのは共通している。

くさみは、ニンニクと同じタイプだが、ギョウジャニンニクのほうが2倍くらいくさい。葉を少しもんだだけでニンニク臭が出てくるし、鱗茎《りんけい》にも強いにおいがある。一方で、味はとても上品で、とくに調理したあとの甘味の広がりはすばらしい。

肉厚の葉は、醤油漬けのほか、さっとゆでておひたしにしたり、ギョウザに入れたり、和《あ》えもの、酢のもののほか、生のまま汁の実にしても美味である、鱗茎は生のまま味噌をつけてかじるのが最高で、花の終わったあとと若芽のうちが充実していてうまい。

ギョウジャニンニクは、醤油と非常に相性がいい。北海道の知人が毎年カツオの旬に合わせてギョウジャニンニクを送ってくれるので、私はそれをいきなり醤油に漬け込み、4〜5日過ぎてからそのギョウジャニンニクをカツオの刺身に巻くようにして食べるのである。これは、いわばカツオの刺身の殿様喰いで、その味わいといったら、まことに容易ならぬすばらしさがある。

【ニラ】　くさい度数 ★★★★

ニラは、俗に「にぎりべ」とも呼ばれる。にぎりべとは、「握り屁」のことで、子どもの頃、自分のおならを手のひらで受け、友だちの鼻に近づけて遊んだ経験のある人は少なくないだろう。あれが握り屁である。そのくらい、ニラはただならぬくささをもっているということだ。

においの強さは閾値《いきち》という値で表現するが、ニラのにおいに多く存在するメチルメルカプタンの閾値は0・002ppmで、これは気の遠くなるような微量でも、強いにおいを発散させることを意味する。

しかし、くさいからこそニラの価値がある。特有のくさみは、肉類の獣臭を消すのに非常に有効である。その代表料理が「ニラレバ炒め」だ。試しに長ネギやワケギでレバーを炒めてみるとよくわかるが、レバーのしつこい獣臭は消えない。これがニラだと自然に消える。しかも、ニラとレバーを炒めることで、ニラのくさみの中に秘められた甘味とにおいが功を奏し、おいしい料理に生まれ変わるのである。ニラとレバーの組み合わせは永遠に不滅のコンビだ。

このほか、ギョウザ、春巻き、キムチ、チヂミなど、中国料理や韓国料理にも欠かせない野菜である。

日本料理では、卵とじや卵でとじたすまし汁、白魚とのすまし汁などがうまい。ニラのくさみを生かした料理なら、土鍋を用いてダシ汁で粥《かゆ》をつくり、ニラをたっぷり入れた「ニラ粥」が最高だ。

【ネギ】　くさい度数　★★

長ネギ（以下、ネギという）はもともと、薬食いから発展したといわれ、その成分には消化液を促進し、胃腸を整えるなどの働きがある。また、神経の衰弱や不眠によく、寄生虫の除去や、発汗に対する効果も期待できる。「風邪をひいたときはネギを首にまくといい」といったことが、現在に至るまで民間伝承で伝えられていることや、ネギを薬味のひとつと呼んでいることも、それを裏付けている。

薬用効果を期待して食べるうちに、自然に日本料理に欠かせない食材となっていったのだろう。食用の歴史は古く、『日本書紀』に「秋葱《あきき》」の記載がある。天皇即位の大嘗会《だいじょうえ》には神饌《しんせん》のひとつとして供されている。

ネギも、ニンニクやニラ、タマネギなどと同じように、そのにおいの主成分はメチルアリル、ジメチルスルフィッド、ジメチルトリスルフィドなどだが、ネギはメチルアリルを主体にするのに対し、ニラはメチルメルカプタンとメチルスルフィドが多いといった違いがある。それが個々の微妙な香味の違いを生みだしている。

関東では下仁田ネギ、千住ネギ、深谷ネギなどの根深ネギが主流で、京都では葉ネギの九条ネギが有名である。それぞれの特徴を生かして、多くの日本料理に使われている。

ネギはほんの少量で、料理の風味を一変させるチカラをもっている。たとえば、納豆に刻んだネギを混ぜると、納豆のくさみの合ううまみがさらにピリリと締まって、俄然、食欲をそそるものとなる。また、味噌汁の上にパラパラと浮かべただけで、やはり味噌の地味な味わいが急に刺激的な印象になる。もしもネギが存在しなかったら、和食は違うものになっていたかもしれないと思うほど重要な存在なのである。

私のお気に入りはネギの串焼きで、白根の部分を4～5センチに切り、これを竹串に4～5個刺してゴマ油を塗り、両面を炙《あぶ》ってから、片面にだけ練り味噌を刷《は》き、さらに焦げめがつくくらいまで焼いてから皿にとり、粉サンショウをふって熱いうちに食べる。これがとてもうまいのである。

また、ネギのマグロ鍋、通称「ネギマ鍋」も舌に馬力がかかる。鍋に湯と酒を適宜入れ、煮立ったところにダシ汁と醤油、みりんを加えて味を調えたら、鍋の底いっぱいにネギを斜かけに切ったものを敷き詰め、ネギに汁がかぶさってきたところに、脂身の多い中トロをのせ、煮加減をみて箸をつける。これは中トロ以外に、ブリや牛肉でも応用できる。この料理でネギと魚、ネギと肉の相性を知った人は、以後やみつきになること請け合いである。

ネギだけの「ぬた」も乙《おつ》だ。塩を加えた熱湯に3～4センチにぶつ切りしたネギをくぐらせて冷まし、別に味噌、砂糖、みりん、酒、酢、カラシで調味したタレにそのネギを和《あ》えて食べる。ネギの豊かな味わいを存分に堪能できる一品である。

【タマネギ】　くさい度数 ★★

エジプトのピラミッドづくりに従事した人たちは、タマネギとニンニクをスタミナ源として重労働に耐えたといわれている。

タマネギとニンニクに共通するくさみ成分の硫化アリルは、疲労の回復を促す働きがあるので、活力アップに役立ったのだろう。いずれにしても、人類は相当古い時代から、タマネギを食べていたことがわかる。

とはいえ、日本人がタマネギを本格的に食べるようになったのは明治以降である。和食の素材としては馴染まなかったので、西洋料理の普及とともに汎用されるようになったのだ。以来、日本の土に合った辛タマネギが主体になり、南欧の甘タマネギと一線を画した。硫化アリルの多い辛タマネギを選択したことは、日本人にとって幸いだった。米（炭水化物）を主食とする日本人は、炭水化物の代謝に必要なビタミンB_1が不足しやすいが、硫化アリルはビタミンB_1の吸収や働きをよくする作用があるのだ。

現在、タマネギは日本の気候・風土に合った品種に改良され、春まき、夏まき、秋まき、冬まきの全季節型に品種をもつ。さらに白色系、黄色系、小タマネギ系といった形質の違った品種や、貝塚、今井、泉州といった地域特性も備えている。

タマネギは、一見、根のように見えるが、じつは葉っぱが重なり合って球体化したものである。1枚ずつ剝がすと魚の鱗《うろこ》のようになることから、鱗茎《りんけい》と呼ばれる。

肉とよく調和することから、洋風の煮込み料理にタマネギは欠かせない。オニオンベースのスープやシチューは、いまや家庭の定番料理となっている。和食でも、カツ丼や親子丼、肉じゃがなど、タマネギを使う料理は多い。

タマネギを刻んでいると、涙が出てくることがある。これはタマネギに含まれる二硫化プロピルアリルや硫化アリルが涙腺を刺激するためだが、完全な予防策はないようだ。そもそも、これらの成分はタマネギの香味や健康効果を生み出す主要成分でもある。だから、涙が出るのは効果が高い証拠と考え、嬉し涙といいたしたいところだ。でも、どうしても涙があふれて困るという人は、タマネギを水の中に入れて皮をむくとよい。

タマネギも、ニンニクと同じように肉料理の獣臭を消すチカラにすぐれ、同時に肉のうまみを引き立たせる役割も担う。ニンニクと異なるのは、加熱後は口ににおいが残らない点だ。また、タマネギは加熱すると甘くなるが、これはもともと糖質が7％も含まれているうえ、多量に含まれている二硫化物も加熱調理すると甘味の強い成分に変化するためである。加熱によって二硫化プロピルアリルから生じるプロピルメルカプタンという成分は、砂糖の50倍も甘味をもつ成分なのだ。うまみの中心となるアミノ酸も豊富だから、いっそうよい味となる。

タマネギのもち味を生かした純フランス風の「オニオングラタン」のつくり方を紹介しよう。タマネギを薄切りにしてフライパンに入れ、バターできつね色になるまでとろ火で炒める。黒く焦がさぬことが大切で、焦がしてしまうとあとで加えるチーズのにおいをだいなしにするので要注意。これにコーンスターチを大さじ1杯ほど、表面全体に雪がふったようにパラパラとまき、さらに2分間炒める。

次に市販のビーフブイヨンの角粒3個を、6カップの水で十分に溶いて、塩とコショウで調味してからタマネギの上に注ぎ、弱火で10分ほど煮込む。これを、オーブン用の耐熱容器に移し替え、その上にスライスしてトーストしたフランスパン2~3枚をのせる。そして、グリュイエールチーズ（フランスの硬質チーズ）の粉を大さじ3杯ほどまき、オーブンに入れて190度の強火で10分間焼けばできあがりだ。寒い夜、ワインの肴としてじつによく合う。

日本酒党の人には「タマネギのゴマ醤油かけ」がよい。タマネギ（1個）を5ミリほどの厚さに櫛形に切り、フライパンでほんのりときつね色になるまで炒めたら、器に盛る。これとは別に、みりん（大さじ3）を煮立てたものに、醤油（大さじ3）と砂糖（大さじ1）、日本酒（大さじ1）を加えてよく溶かし、半量まで煮詰める。このタレを、器に盛ったタマネギにかけて、煎りゴマ（大さじ1）と、刻んだニラ（小さじ2分の1）をちらし、七味唐辛子を好みでふったら完成だ。

【香椿《シャンチュン》】　くさい度数　★★★

香椿はセンダン科の落葉高木である。もともと中国原産の樹木だが、日本の庭でもときどき見かけることがある。

木にも花にも特有のにおいがあって、中国ではこの木の赤褐色の若葉と、やわらかい茎の部分を料理に使う。森林浴という言葉があるように、樹木の若葉と茎の香りというとヒノキのようなさわやかな印象が強いが、調理する前の香椿は、その臭気たるや、これまであまり嗅いだことのないような特異なくさみを放っている。

私の言葉で表現するならば、「青くさい栗の花のにおいに、クサギカメムシをつぶしたような異臭が絡まり、そこにドクダミのようなどぎつい生臭さが混じり込んだ臭気」といった感じである。そのくらいくさいのだ。

香椿を使った中国料理の代表は「香椿頭拌豆腐」で、つくり方は簡単である。豆腐の水を切って短冊に切り、器に入れて塩をふってしばらく置いてから、もう一度水を切る。次に香椿の若葉を湯にくぐらせ、しぼってみじん切りにしたあと、それを豆腐の上にまき、さらにその上に香油（ごま油など）をかければできあがりだ。

日本でいえば、豆腐の上に刻みネギ、カツオ節、おろしショウガをのせた冷奴のようなものである。湯にくぐらせてみじん切りにした香椿は、調理前のくさいにおいが消えていて、ある種の漢方薬のようなにおいに変わる。このにおいを一度覚えると、頭の中にいつまでも残って消えないため、二度目からは調理前のくささもたいして気にせずに食べることができるようになる。

【ドクダミ】　くさい度数　★★★★

ドクダミは、低地の林や路傍、川辺、さらには家の庭、軒下など、隙あらばどこにでも群生する。繁殖力が非常に強いため、いったん根づいてしまうと、刈っても刈っても、あっという間に再び繁茂してくる。

白くて可愛い花（実際は花もどき）を咲かせる植物でもあるのだが、葉や茎を折ったり傷つけたりすると、凄《すさ》まじいにおいを発生させる。だから、観賞用には不向きで、庭などに繁茂するとやっかいもの扱いされてしまう。

ドクダミの臭気は、ラウリンアルデヒドやカプリンアルデヒドなど、比較的分子量の高いアルデヒド類だけに、陰湿なくさみとして感じるのである。そのため、地方によっては「手腐れ草」と呼ぶところもある。

しかし、このアルデヒド類には薬用効果があるとして、古くから中国では漢方医学で大切に使われてきた。ドクダミを「魚腥草《ユイシュイツァオ》」の名で生薬とし、解熱、解毒、利尿、湿疹などの症状に処方してきたのである。ちなみに、魚腥草の「腥」の字には生ぐさいという意味がある。だから、日本語に直訳すると、「魚の生ぐさいにおいをもった草」となる。

日本では「十薬」と呼ばれ、漢方や民間療法で、腫れもの、虫刺され、切り傷、駆虫、高血圧、胃腸病、便秘、皮膚病などに用いてきた。

生の葉や茎はひどくくさいが、乾燥したりゆでたりすると、その臭気はだいぶやわらぐ。だから、ドクダミをゆでて、和えものや浸しもの、さらに油炒めなどにすると、特有の歯ざわりが快く、捨てたものではない。天ぷらにしても、案外いける。

乾燥させた葉を煮出してつくるドクダミ茶もよく知られている。これもまたクセのある風味なので苦手な人も多いが、英語でいえばハーブティーだ。そう思って飲めば、火もまた涼しである。実際にドクダミ茶は根強い需要があるのも事実である。

【ダイコン】　くさい度数 ★★★

「えっ、ダイコンってくさいの？」

そんなふうに思う人もあるだろう。確かにダイコンはくさいというより、魚介などの生ぐさいにおいを消して、口や胃をすっきりさせてくれるイメージが強い。刺身にはツマとして使われるし、サンマにはダイコンおろしがよく合う。ブリダイコンでは、ダイコンがブリの脂っこさを見事に吸収して自らのうまみに変えている。シラス干しも、ダイコンおろしと一緒に食べると格別の味わいとなる。ほかにも、ナマコ、芝エビ、チリメンジャコ、生ガキといったクセの強い魚介でも、ダイコンを添えると、まことにさっぱりとした情緒すら愉しめる。

ダイコンを食べて口や胃がすっきりするのは、ダイコンにジアスターゼと呼ばれる消化を促す酵素が多く含まれるからで、魚介のくさみをマスキングしているのは、ダイコンのくさみと辛味、苦味である。くさいものに対して、よりくさいものを組み合わせることで、においを感じなくさせる戦法なのだ。

実際に、ダイコンには、ネギ類と同じような含硫化合物が含まれている。イソチオシアネート、チオシアネートなどだが、これらは微量の存在でも強烈なにおいを発散させる成分である。

そんなダイコンは、昔から世界各地で食べられてきた。エジプトでは4500年以上も前に建設されたピラミッドの壁にダイコンに関する記録がある。日本でも、平安時代中期に編纂された『延喜式』に「大根《おおね》」の呼び名で、その栽培法から利用に至るまで細かい記載が遺されている。

ダイコンも、昔は薬食いされていたことがうかがえる。たとえば、江戸時代の本草学者・貝原益軒は、著書『養生訓』の中で「大根は菜の中で一番上等である。いつも食べるがよい。葉のこわいところをとりのぞいて、やわらかい葉と根とを味噌でよく煮て食べる。脾《ひ》を補って痰《たん》を切り、気を循環させる。大根の生の辛いのを食べると気が減る。しかし、食滞のあるときは少しくらい食べても害はない」と訓じている。このようにダイコンの食効を説いた記録がほかにいくつも残っている。それらによると、ダイコンは咳止め、痰切り、のどの腫れ、風邪などによく、日射病での高熱のときは、おろしたダイコンを足の裏につけると解熱効果が現れるらしい。

ダイコンの料理もじつに多彩である。先に述べた魚介との組み合わせ以外に、ニンジンとともに細く切って酢合わせとしたなますや、風呂吹き、煮もの、汁の実、飯や粥《かゆ》の実、和えものなどがあり、また加工して切り干し、タクアン漬けと、その料理法には枚挙にいとまがない。搗《つ》きたてのモチをダイコンおろしで食べるというのも、日本ではお馴染みである。これも消化をよくするダイコンの効用を生かした食べ方だ。天つゆに入れるのも同じ理由である。

ダイコンおろしに関しては、こんなエピソードもある。

戦前、東京の麴町《こうじまち》に、食聖・北大路魯山人が経営する『星岡茶寮《ほしがおかさりょう》』という超一流料亭があった。現在、赤坂の日枝神社下にあるキャピトル東急ホテルが建っているところだが、この料亭では冬場だけ手打ち蕎麦を出していた。魯山人が竹林新七という蕎麦打ち名人を招いて料理人に仕込ませたものだが、そのすばらしい蕎麦とつゆの評判はきわめて高かったという。では、なぜ冬だけなのかと凡人は気になるわけだが、じつは、その手打ち蕎麦に使われた薬味は、京都に特注して取り寄せた鷹ヶ峯の辛みダイコンをおろしたものだけで、それが収穫される冬場だけの手打ちということだったのだ。まさに蕎麦と辛みダイコンの相性を知り尽くした魯山人ならではの趣向であり、心にくい演出なのである。

【コリアンダー】　くさい度数　★★★

においがくさいというので、日本では「カメムシソウ」とも呼ばれる葉野菜が、セリ科のコリアンダーである。コリアンダーは全草が食用の対象となるが、一般の料理には葉と種（果実）がよく用いられる。

カメムシのようなにおいがするのは生の葉で、種は成熟すると甘味のあるさわやかな香りがし、スパイスとして使われる。

コリアンダーの食の歴史は古く、古代エジプトの時代から、薬用や調味料として用いられてきた。古代ギリシャおよび古代ローマでも薬草として珍重され、ヒポクラテスが使っていたとの記録もある。

その後、貴重な薬草または香辛料として地中海沿岸から全世界へ広がり、各地でコリアンダーの香味を生かした料理が発展していった。アジアだけを見ても、中国では香菜《シャンツァイ》と呼ばれ、スープや鍋料理、麺類などの風味づけに使われるとともに、全草（乾燥品）を生薬として中医学で用いている。タイではパクチーと呼ばれ、トムヤムクンに代表されるスープには欠かせない素材となっているし、ベトナムでは生春巻きに使われている。

じつは日本にも、コリアンダーは古くから伝えられていた。平安時代中期に編纂された『延喜式』にも薬味として使用されていたことを示す記載がみられる。しかし、日本料理には馴染まなかったようで、コリアンダーが日本で広く食材として使用されるようになったのは、わりと最近のことである。エスニック料理の人気とともに、その素材として需要が増えたのがきっかけで、それでも、香味にかなりクセがあることから、好き嫌いの分かれる葉野菜だ。

とはいえ、コリアンダーの種は、日本人の大好きなカレー（市販のカレー粉）に必ずといっていいほど入っている。本場インドでも、コリアンダーの種をすりつぶしたものをカレーに用いている。

肉や卵などと相性がいいため、料理に合わせてうまく取り入れれば、においはそれほど気にならないだろう。

【マ・タロ&マ・ニオック】　くさい度数★★★★

ソロモン諸島の南東部に位置するアヌタ島には、タロイモを発酵させた食品がある。「マ・タロ」と呼ばれるもので、「マ」は発酵した食べものを指し、「タロ」はタロイモのことである。

土に掘った穴にショウガ科の植物（アルピニア）の葉を敷き詰めて、そこにタロイモの皮をむいてすりおろしたものを入れ、上から葉を厚くかぶせて石を置く。このまま3ヵ月以上保存すると、マ・タロができあがる。数年の保存が可能だという。

もうひとつ、タロイモを使った「マ・ニオック」という発酵食品がある。こちらは、タロイモの皮をむかずに10センチくらいにタロイモを切って直接穴に入れる。そして、3週間後に穴から出し、籠に入れて数日間放置しておく。すると、恐ろしいほどくさいにおいがしてくる。その強い悪臭を放っているタロイモの皮を手でずるりとむき、再度、穴に入れて葉を厚くかぶせ、その上に石を置いて、あらためて発酵させる。あとは食べるときに必要な分だけ穴から取り出して、よくこねたものを油で焼いて食べる。これも長く保存が利くということだった。

第 7 章

虫類

Insecta

虫を食べるという話をすると、たいていの人は顔をしかめる。「気持ち悪い」「悪喰《あくじき》だ」「野蛮だ」「くさい」というわけである。しかし、人類は二足歩行を始める前からずっと、虫を食べてきた。

人類が二足歩行を始めたのは400万年くらい前だが、当時の人類の「糞石《ふんせき》」(ウンチの化石)を調べると、虫が一番多く含まれていることが確認されている。虫の中でも一番多かったのがアリだという。アリがとくに美味だったわけではなく、アリ塚へ行けば確実に大量に捕まえることができたからだろうと考えられている。

原始社会では、食料を確保することは大変な作業で、「くさいからキライ」などといっている状況ではなかった。食べられるものは何でも食べた。土の中にいる虫を掘り出しては食べ、樹木に止まっている虫を捕まえては食べ、目の前にたまたま飛んできた虫だって見逃さなかったろう。その意味では、容易に一度にたくさん捕まえられるアリは、格好の食べものだったわけだ。

糞石からは、アリ以外にも、ゴキブリ、コオロギ、バッタ、クモ、スズメバチ、カブトムシ、ミツバチなどさまざまな昆虫が発見されている。ゴキブリの翅《はね》はとくに多く見つかっている。虫は貴重なたんぱく源であり、ビタミンの補給源にもなる。効率よく必要な栄養素を摂取するうえで最高の食品なのである。いま私たちがこうして生きているのは、原始人を助けた虫のおかげと感謝しなければいけない。

現在でも虫を食べている民族は、世界中にたくさんいる。日本でも、蜂の子やイナゴ、蚕のサナギ、ザザムシ(カゲロウなどの水生の幼虫)などが、伝統料理として、あるいは珍味として食べられている。私はこれまで地球の果てまで出かけてさまざまな地域で虫を何百回も食べてきた。うまいものもあれば、不味いものもあり、くさいものもあった。ここではくさい虫をいくつか紹介する。

【クサギカメムシの幼虫】　くさい度数　★★★

日本でくさい虫といえば、「屁《へ》臭虫《くさむし》」の異名をもつクサギカメムシが有名である。誤ってこの虫に手がふれ、くさいにおいがとれなくて大変な思いをした人は少なくないだろう。さすがにこの虫を食べたという猛者《もさ》には、いまだお目にかかったことがないし、私も食べたことはない。

ところがこの虫の幼虫は、成虫からは想像もつかないほどうまいという話を耳にして、俄然、興味が湧き、八溝《やみぞ》山地（福島県から茨城・栃木の県境にかけて広がる高地）に住む友人で、私が「八溝のターザン」と呼んでいる人にその話をしたところ、彼が自分で採取したクサギカメムシの幼虫を送ってくれた。どうやらクサギの木肌にびっしりと入り込んでいた幼虫をピンセットで1匹ずつつまみだし、集めてくれたらしい。やはりもつべきものは野生児の友人だ。

見た目は丸々と太った小粒の蛆虫《うじむし》のようで、ややクリームがかった白い色をしていた。さわってみると、絹ごし豆腐のようにやわらかい。においはとくにしなかった。八溝のターザンによると、炮烙《ほうろく》で煎《い》って、煎り上がる直前に醤油を数滴たらして食べるとうまいという。いわれたとおりにやってみたところ、焼き豆腐のような仕上がりになって、じつにうまそうだった。

心躍らせながら、口に放り込む。プリンプリンとした幼虫をひと噛みすると、プチュンという破裂音とともに、ドロドロと虫の内容物が口の中に流れ出してきた。「おっ、甘い」と思った次の瞬間、私はパニックに陥った。あの、世にも恐ろしいクサギカメムシの成虫のにおいが鼻孔に襲いかかってきたのである。指先にちょっとついただけでもくさいあの屁臭虫のにおいが、口の中で爆発したのだからたまらない。すぐさま幼虫を吐き出し、口をゆすいだ。しかし、いくら口をゆすいでも、歯をみがいても、屁臭虫のにおいが口と鼻から離れない。こうしてその後、数日間は気持ちの沈んだ日々を過ごすこととなったのである。

クサギカメムシのにおいに対してよほど寛容な好事家でないかぎり、これを食べるのはやめたほうがいいかもしれない。

【セミ】　くさい度数　★★

セミは世界各地でわりとよく食べられている。中国やタイ、ベトナムあたりの山岳民族では、成虫も幼虫もから揚げにして食べていたし、南米の山岳地ではフライにしたり、シチューに煮込んで食べるところもある。

中国の雲南省や広西壮族自治区、貴州省あたりの自由市場へ行くと、生きたままのセミのサナギを必ず売っている。大きな容器に盛られたサナギをじっと見ていると、1匹1匹のサナギが少しずつ蠢《うごめ》いて、全体がざわざわしていているのがわかる。その様子はじつに不気味だが、から揚げにしたり、蒸して豆鼓《トウチ》という味噌をつけて食べてみたところ、くさみはそう強くなく、ゆで卵と焼き豆腐を味噌で食べているような感覚で、酒の肴としてなかなか乙《おつ》だった。から揚げにしてもうまい。

中国にはセミを主材料にした「桂花菜《ゴェイホワツァイ》」という料理もある。セミを、その幼虫や野菜とともに油炒めしたものだが、これも白酒《バイチュウ》によく合ってうまかったが、くささは少なかった。しかしセミは間違いなく、くさいことは確かで、これは私自身、体験したことである。

私の友人に、毎年夏になると必ずセミを食用とするために山に入るセミ喰いの達人がいる。会うたびにセミの話をするので、あるとき彼のセミ喰いに同行したことがあった。

まずセミを捕るところから始まるのだが、なにせセミ喰い名人は、セミ取り名人でもある。早朝に、林の中のセミの止まっている樹木の下の方を野球のバットで思いきり叩くと、セミはその振動波で地面に落ちてくる。それを捕まえる。見事なお手並みでアブラゼミ、ヒグラシ、クマゼミ、ミンミンゼミ、ツクツクボウシを次々と捕まえていった。

ある程度捕まえたところで、家へ戻り、調理が始まった。セミの翅《はね》を生きたままむしりとり、種類別に竹串に3匹ずつ刺して、囲炉裏の火の上に並べていく。すると、残っていた翅がペラペラと一瞬で燃えた。そのあと、身がこんがりと焼けるまで待ってから醤油をつけて食べたのだが、これがとにかくくさくて不味かった。鼻をつく異臭はもとより、渋くて、えぐみのある味に閉口した。とくにアブラゼミのにおいは強烈で、イカの塩辛が蒸れたような独特のくさみがあった。こんなものを毎年好んで食べている友人の胃袋の逞《たくま》しさに感心した。

しかし、中国で食べたセミがうまかったことを思い出し、味付けによってはおいしく食べられるのではないかと考え、その後、自分なりに工夫して、いくつかの調理法で食べてみた。食に対する私の探究心は、一度くらいの失敗ではへこたれないのである。

そしてついに、セミをうまく食べる方法を見つけた。先ほどと同じ手順で囲炉裏で炙《あぶ》り、翅がペラペラと燃えてきた時点で醤油をサッとつけて再び火で炙り、焦げそうになったら、今度はうすめ味噌（味噌を水でゆるめたもの）をつけて、もう一度、焦げない程度にサッと焼く。これをおろし大根で食べるのである。すると、煎餅のような香ばしいにおいが立ち上り、セミくささはずいぶんとやわらぐ。渋味とえぐみも、おろし大根によって中和され、酒の肴として十分成り立つ。

ただし、アブラゼミだけはこの食べ方でもくさみが残るので、カレー粉のようなスパイシーな香辛料を使ったところ、くさみをマスキングできた。

【カブトムシ】　くさい度数　★★★

ミャンマーの山岳地帯へ行ったとき、角が5本もあるゴホンツノカブトムシを食べたことがあった。ゴホンツノカブトムシは、東南アジアや南米に生息している大型のカブトムシで、体長は大きいものでは10センチ近くもあり、間近で見ると迫力満点だ。

地元の人たちは、翅《はね》と脚をむしりとってから串に刺し、火でほどよく炙《あぶ》って食べていた。内臓に栄養がたっぷり詰まっていて、貴重なたんぱく源となっているようだ。その串を1本をもらって食べたのだが、虫とは思えないずっしりした重量感が手に伝わってきた。「内臓から食べてみろ」といわれたので、そこからかじってみる。予想外にふにゃっとした感触だった。あとから考えると半焼けだったのだろう。噛んでいるうちに口の中がネチャネチャし出して、虫の内臓から出てきた粘質物が糸をひいているのがよくわかった。そのあと、特有の枯れ葉のような土くさい、虫臭が鼻に上ってきて、飲み込むのに難儀した。

それでも、東南アジアを旅する途中で何度も口にするうち、だんだん慣れてきて、一度に10匹平らげたこともある。

日本では、国内に生息しているカブトムシのサナギや幼虫を昔は珍重し、成虫はもっぱら黒焼きにして薬用としていたようだ。カブトムシの幼虫も食べたことがあるが、こちらは焙烙《ほうろく》でころころと塩煎りしただけで驚くほどうまい。私のうまい虫ランキングでは、カブトムシの幼虫が第1位で、第2位は蜂の子、第3位はイナゴの佃煮《つくだに》である。

【蚕《かいこ》のサナギ】　くさい度数　★★★

随分前の話だが、信州飯田の天竜峡にある豪農のお宅で、酒の肴として蚕のサナギ（蚕サナギ）の煮付けをふるまっていただいたことがある。3センチくらいのまるまる太った黒褐色のサナギで、佃煮のように濃く煮付けたものだった。「昆虫の幼虫だから、体内に新鮮なホルモンがいっぱい詰まっていて、栄養価も大変高いですぞ」とご主人。ホルモンという響きに、何だかわくわくして、淡味に甘炊きされたものを1匹、口に放り込んでみた。

ひと噛みすると、確かに脂がのってコクがある。「おお、なかなかイケるではないか」と思ったのも束の間、にわかに青くさいにおいが鼻をついてきた。蚕の主食の桑の葉のにおいだろうか。不穏な胸騒ぎを覚えながら、さらに噛んでいると口の中でサナギがぐちゃぐちゃになり、それにつれて獣臭のような、あるいは生卵のような、あるいは生魚のような、モワッとした生ぐささがこみあげてきて、うっかりするとむせてしまいそうな緊急事態に陥った。なぜか線香のようなにおいも混じっていたように記憶する。

そこで、においもろとも一気に酒で流し込むべく、茶碗に注いであった日本酒をぐいと口に含んだ。すると、事もあろうに今度は酒にまで異臭が移って、口の中は恐ろしいにおいのハーモニーが醸《かも》し出されてしまったのである。一刻も早く吐き出したいが、笑顔のご主人の前でそれはできない。冷や汗をだらだらかきながらも、理性は残っていたのだ。そこで意を決して、目を固くつむり、えいっとばかりにのどに下した。

ところが、試練は続くのである。異臭を放つ酒まみれのサナギは、私の必死の努力をあざわらうかのように食道の中央あたりに踏みとどまって胃へ下りていかない。胃が受け入れを拒否しているのだ。それどころか、重力の法則を無視して、口のほうへ押し上げられてくるではないか。もはやこれまでだった。私はあわてて両手で口を押さえ、脱兎のごとく便所へ走ったのはいうまでもない。日頃、くさいもの好きを豪語してやまない私だが、やはりダメなものはダメだと思い知った出来事だった。

もちろん、これはあくまで私の個人的な感想で、蚕のサナギが大好物という猛者《もさ》は少なくない。長野県伊那《いな》地方や飯田地方では珍味として愛食されているし、土産物にもなっている。つまり、全国に蚕のサナギファンはいるのである。機会があったら、ぜひチャレンジしていただきたいものである。

ご馳走してくださったご主人がいっていたように、「蚕の繭《まゆ》ごもり」とも呼ばれるこのサナギは、きわめて栄養豊富で、とりわけたんぱく質と脂質とミネラル分にすぐれたすばらしい自然食品であることも間違いない。

【タガメの虫蒸しパン】　くさい度数　★★

タイ、カンボジア、ミャンマー、ベトナムを中心としたメコン川流域では、タガメをナン・プラーに漬けた魚醤《ぎょしょう》があることは83頁で述べた。

タガメはカメムシの一種だから、クサギカメムシ同様に、とにかくくさい。しかも、タガメはクサギカメムシと違って超巨大で、大きなものは体長5～6センチもあり、ときには小さなヘビやカエル、ネズミまで食べてしまう貪食の虫である。

この超巨大で、くさいタガメを、メコン川流域の人たちは魚醤の材料にするだけでなく、いろいろな料理に利用している。かなりのチャレンジャーだ。たとえばミャンマーでは、タガメの翅《はね》をとって乾燥したものを焙烙《ほうろく》で煎《い》って粉にし、それを小麦粉と混ぜて水でよく練り、蒸しパンをつくっていた。虫でつくった蒸しパンなので、私はこれを「虫蒸しパン」と呼んでいる。

虫蒸しパンは栄養学的にみてもすばらしい。たんぱく源のタガメと炭水化物の小麦粉をバランスよく補給できるからだ。ちょうど肉まんじゅうのようなものである。身近な生物を上手に食に利用している当地の人びとの知恵にはいつも感服する。

第 8 章

酒類

Alcoholic drinks

白酒《パイチュウ》

中国では300種類以上の酒がつくられている。それらを大別すると、「白酒《パイチュウ》」「黄酒《ホアンチュウ》」「葯酒《ヤオチュウ》」「葡萄酒《プウトウチュウ》」「果酒《グオチュウ》」「啤酒《ピイチュウ》（ビール）」、「その他の酒（ブランデーやウィスキー）」の7種に分けられる。このうち、白酒と黄酒はどちらも微生物を利用してつくる酒だが、白酒は蒸留酒であるのに対し、黄酒は醸造酒で、ちょうど日本の焼酎と日本酒の違いのようなものである。中国国内では白酒のほうが、黄酒の2倍以上もよく飲まれている。

中国では大人気の白酒だが、これがじつにくさい。日本の焼酎を想定して気軽に飲んだりしたら、その強烈なにおいとアルコール度数の高さに仰天してしまうだろう。私の失敗談からお話ししよう。

中国の貴州省へ白酒の調査に行ったときのことだ。調査を終えて帰国する際、白酒を土産として15本ほどいただいたのだが、そのうちの1本が飛行機の中でヒビが入って漏れ出し、機内に猛烈なにおいが広がって大騒ぎになったのである。私と3人の仲間は、慌《あわ》ててそのビンに入っている白酒を紙コップに移して一気に飲み干し、やれやれこれで一件落着と安堵《あんど》したのも束の間、今度は50度を超えるアルコールで食道と胃袋が焼け、頭はもうろうとして、吐く息や皮膚からくさいにおいがあふれ出ているのがわかった。キャビンアテンダントさんや周囲の乗客の人たちから非難轟々《ごうごう》浴びながら、上海経由でやっと成田空港に到着したときには、酔いとにおいと気疲れでへろへろになっていた。

しかし、まだ騒動は続いたのである。成田空港でターンテーブルから回収した旅行カバンから、またもやすごい悪臭がしていることに気がついたのだ。カバンの中の白酒に大変な事態が起こっているのはまちがいなかった。私はもう観念して、体じゅうから白酒くさい汗を流しながら、関税官のところでカバンを開けようとした。すると、関税官が顔をしかめて「早くあっちへ行け」とばかりに、アゴで私を促す。よほどくさかったのだろう。おかげで、空港じゅうに白酒のにおいが拡散するという、最悪の事態は免れたのであった。

白酒の猛烈なにおいは、その製造工程で培われる。

ふつう酒というのは、壺やかめ、樽、タンクなどの容器を用い、液体の状態で発酵させるのが世界の常識だが、白酒は土の中に掘った穴の中で、原料を固体のまま発酵させるのが特徴である。「固体発酵」と呼ばれる製法だ。世界で唯一、中国だけにしかみられないこの特殊な発酵法により、強烈なにおいと強いアルコール度数が生み出されるのだ。私が中国で見せてもらった製造法は次のようなものであった。

原料は主に高粱《コウリャン》（きびの一種）や小麦などで、これらを破砕したのち、もみ殻や落花生の殻、きびの芯などを加えてよく混ぜる。もみ殻などを混ぜるのは、蒸すときに蒸気が通りやすいようにするためである。十分に混ざったところで、撒《ま》き水し、湿気を少し与えてから甑《こしき》で蒸す。蒸し上がったらスコップで攪拌《かくはん》して、発酵に適した温度まで冷却する。そのあと、中国の麹（大曲《タアチュイ》）を加えて混ぜ合わせてから、地面に掘った穴（窖《チャオ》）に入れる。

穴の大きさは、深さ約2メートル、縦1メートル、横2メートルくらいで、ここに蒸した固形のもろみ（酒醅《チュウベイ》）を入れ、あとはむしろをかぶせて土を厚く盛り、空気の出入りを遮断する。そして、酒の種類などに応じて、短いもので1週間、長いものでは1ヵ月以上発酵させる。

この間、穴の中では原料のでんぷんが曲（麹の異体字）の働きでぶどう糖になり、これに穴の壁や床に棲息している酵母などの微生物が作用してアルコールや香気成分が生成される。だから、発酵期間の長いものほど、さまざまな発酵微生物の作用を受け、複雑で絶妙な香りが生まれ、高級酒となる。

発酵を終えたら、穴の中から固形のもろみを取り出し、特殊な甑《こしき》型の蒸留器で蒸留すればできあがりだ。製造工程で水はほとんど使わないので、蒸留されて出てくる白酒はアルコールとにおい成分だけとなる。だからこそ、たった一度の蒸留で55～70％もの高い濃度のアルコールが得られ、またにおいも強烈なものになるのである。

蒸留した酒は、かめに貯蔵して熟成させる。数ヵ月で出荷されるものもあるが、名酒と呼ばれるものは2～3年、極上品では5年以上熟成させる。

白酒は名酒が多く、汾酒《フェンチュウ》、茅台酒《マオタイチュウ》、西鳳酒《シイフォンチュウ》、白乾児《バイカル》、瀘州老窖大曲酒《ルウチュウラオチイヤオチュウ》、桂林三花酒《コイリンサンホウチュウ》、凌川白酒《リンチョワンバイチュウ》はその代表である。

発酵に使う穴は、年数を経るにつれて多種多様な発酵微生物がバランスよく棲息していくため、古い穴（老窖）ほどうまい酒ができる。だから、新しい穴をつくるときは、古い穴から土を削り取ってきて、新しい穴の壁や床に塗りつけるという作業が行われる。その後、年数を積むことによって穴は成熟していき、酒の品質が向上するのである（※注）。中国に現存する最も古い穴は４００年近い歴史を誇り、そこでは瀘州老窖大曲酒の最高級品「瀘州老窖特大曲酒」という、八大名酒のひとつがつくられている。

このように、白酒は日本人にとって鼻が曲がるくらいくさい酒なのだが、名酒が多く、中国では前述したようにビールに次いで人気がある。なぜなら、中国料理には白酒が合うのだ。中国の料理はたいてい香りの強い野菜類を好んで使い、それを多様な香辛料や葯材（漢方生薬のようなもの）で調味しながら、油で調理するので、酒もある程度のパンチがないと料理に負けてしまう。おそらくそうした理由から、アルコール度数の高い、世にもくさい白酒が生み出され、広く飲み継がれてきたのだろうと、私は考えている。

実際に中国では、このにおいに強いこだわりをもっていて、白酒をにおいのタイプ（香型）で分類し、それぞれのよさを論じている。

白酒のにおいが苦手という人は、試しに中華料理を食べながら、白酒をちょこちょこなめるようにして飲んでみてほしい。くさいにおいと燃えるようなアルコール度数で口の中がさっぱりし、その相性のよさに魅了されていくはずだ。そうしているうちに、やがて白酒単独でも飲めるようになり、馥郁《ふくいく》たる香気のとりこになっていくだろう。

（※注）新設の白酒工場では、土壁の穴ではなく、レンガやコンクリート製の入れ物が地上につくられていたり、穴をふさぐときにも盛り土ではなく、ナイロンカバーが使われたりしているところもある。

【茅台酒《マオタイチュウ》】 くさい度数 ★★★★★

茅台酒は、代表的な白酒のひとつである。その産地は貴州高原の東に位置する茅台鎮で、険しい山々に囲まれた標高400メートルの凹地にある。初めて訪れたとき、こんな山奥に世界的な名酒をつくるところが本当にあるのだろうかと、到着するまで信じられなかった。

しかし、工場を訪ねてみると、その環境を大いに生かし、原料の高粱と、大曲（麹《こうじ》）の小麦は、いずれも地元で採れた良質のものを使い、醸造用水には高山深谷の清らかな湧水（井戸水）を使用していているのを見て、なるほどと納得した。

茅台酒は、製法についても他の白酒とは異なる特徴がいくつかある。原料の高粱を蒸すときは、粉砕したものと粒状のものを2対8の割合で混ぜて使用し、蒸したあと穴に入れる直前に、別の穴で発酵を終えた酒醅（固形のもろみ）を加えて再発酵させるのも大きな特徴である。さらに、穴に仕込むときの大曲の量が、原料の高粱よりも多く、酒醅の発酵も長く、多次にわたる発酵と蒸留、これらがすべて茅台酒の品質をつくりあげる重要な要素となっている。

白酒の一種だから、飲み慣れていない人にとってはくさい酒に違いない。しかし、中国の八大名酒のひとつという冠は伊達《だて》ではなく、飲むにつれ、酔うにつれ、その優雅できめの細かい、やわらかい香り、そしていくばくかの焦香に強く惹《ひ》かれていくのである。

中国では、外国の元首や国賓貴賓を招待するとき、必ず茅台酒を「国酒」としてふるまう。1972年に田中角栄首相と周恩来首相が、茅台酒で乾杯した映像がテレビで流れたことは、いまも私の記憶に深く刻まれている。

私自身、中国を旅していて、街の食堂などで初対面の人たちと語り合うとき、まず茅台酒の話題をもち出す。すると、誰もが話にのってきて、たちまちその場の雰囲気がなごむ。中国の人たちがいかにこの酒に誇りを抱いているかを、いつも強く実感するのである。

【汾酒《フェンチュウ》】　くさい度数　★★★★★

中国の東北から北西にかけての地域でも、高粱を原料にした白酒が盛んにつくられている。その中でも、古くから最も有名なのが、山西省杏花村で産する汾酒だ。1世紀半ばには、すでに名酒として世に知られ、当時の帝王が飲んだという記録も残っている。

汾酒の製法も、いくつか大きな特徴がある。まず、甑《こしき》で蒸した高粱に粉砕した曲を加えるが、この曲は「青薦曲」と呼ばれる汾酒特有のものである。青薦曲を加えたあと、土の中に埋めた大きな陶磁器のかめ（大缸）に仕込むのも、汾酒の特徴である。他の白酒は、これまで話してきたように昔ながらの土壁の穴や、レンガまたはコンクリートでできた穴に貯蔵するのが通例だが、白酒はこのかめがその役割を果たすのである。

なぜ汾酒の製造にかめが使われるようになったのか。そのことについて、中国の醸造家たちは次のように考えている。

汾酒の醸造に用いる青薦曲には、さまざまな微生物がいる。かめを使うと保温が容易で発酵作用が活発になり、結果的に発酵期間は3週間に短縮され、最後の数日はほとんど発酵が停止している。これが汾酒の清香型のにおいの構築を円滑にしていると推測されるのだ。

私が杏花村の、ある有名な汾酒の工場を訪ねたとき、汾酒製造に関する7条の文を目にした。意訳すると、「汾酒をつくる人は精魂をこめ、醸す水は甘きものを選び、曲は仕込みに合わせてつくったものを選び、高粱はびっしりと実のついたものを選び、器具は常に清潔なものを使い、缸を乾かしてはならず、そして蒸留するときの火は強火はいけない」と訓じてあった。代々の職人たちの汾酒製造に対する強いこだわりと愛情がひしひしと伝わってくる内容であった。

汾酒の香味は上品な風格をもつのが特徴で、無色透明、清香の風味がすばらしく、味は濃いが美麗であり、後口はうまく、飲酒後の香りには爽快感がある。くさい白酒の一種ではあるが、くさいのひとことでは片づけられない奥深さがあるのだ。

特産地の杏花村では、この汾酒をベースにして、「竹葉青酒」「白玉酒」「杏梅酒」「桂花酒」などの葯酒（薬用酒）もつくっている。

【西鳳酒《シイフォンチュウ》】くさい度数 ★★★★★

西鳳酒は、アルコール度数65％の強烈な酒である。白酒の一種だから、ご多分にもれずくさい。それでも、白酒の中では清々《すがすが》しい香りが特徴の「清香」に分類されている。日本人がなんとか馴染めるタイプの白酒といっていいだろう。

中国の評酒家たちは、この酒を次のように褒め称《たた》える。「清らかな香りが甘く、酸味があっても渋みを感じず、甘いが脂ぎってなく、苦いが粘っこくはなく、辣《から》いがのどを刺さず、香りは芳香であって鼻をつかない。後味甘く、この甘さは口に含んだオレンジの後味に似ていて、芳香が長く続く」

西鳳酒の名は、この酒の産地・陝西省の鳳翔《フォンシャン》一帯が、唐朝（６１８〜９０７）以来、西府鳳翔と呼ばれていたことに由来するが、すでに唐朝時代から西鳳酒は名酒として知られ、北宋時代の詩人・蘇東坡（１０３７〜１１０１）が鳳翔に赴いたとき、この酒は心を込めて繊細に醸したすばらしい酒だという意の詩を残している。

西鳳酒をつくるときに欠かせないのが、酒海《チューハイ》と呼ばれる、酒を入れる容器である。酒海は、柳の枝で編んだ籠の内側に、血料紙（豚の血と石灰を混ぜてつくった丈夫な麻紙）を何重にも貼ってつくった容器である。この中に蒸留したあとの酒を入れて貯蔵するのだが、酒海は小さなものでも500キログラム、大きなものでは5トンくらいの酒を蓄えることができる。大きさのわりに軽く、コストも安くて数十年も使えるので重宝されている。

しかし、酒海の真価はもっと別のところにある。蒸留したての酒は非常にくさくて酒質もあまりよくないが、酒海に入れて貯蔵すると、わずか1年ほどでにおいはおだやかになり、とろっと熟成したうまい酒になる。もしも酒海を使わずに同じように熟成しようとすれば、3年から5年はかかるといわれている。なぜそれほど熟成期間が短縮されるかというと、酒海に貼りつけた血料紙に秘密がある。血料紙に固定されている石灰や豚の血液中のミネラル（鉄分、マンガン、マグネシウム、カリウム、カルシウムなど）が、貯蔵中に酒と接触して物理的反応を起こし、特有の熟成によって西鳳酒の芳香や醇厚さが生み出されるのである。

どうやって最初にそのようなしくみを見つけたのか想像もつかないが、まことに奇想天外な製法でつくられる名酒なのである。

薬用酒（葯味酒《ヤオウェイチュウ》）

中国では昔から白酒にさまざまな薬用素材（葯材）を入れて、薬用酒（葯酒）をつくってきた。アルコール度数が50％を超える酒に葯材を入れると、葯材の薬用成分が抽出されてくる。それを病気の快癒や健康管理に利用してきたのだ。

薬材にはさまざまなものが使われている。中国医学の生薬と重なるものも多く、植物をはじめとして虫、両生類、哺乳類に至るまで、ありとあらゆる薬材をいろいろ組み合わせて薬用酒がつくられている。さすが漢方の御家元、さすが医食同源の国という感じだ。

それらは大規模な薬用酒の工場から全国の市場に出てくるものもあれば、地方特産の薬用酒もあり、さらに各家庭でも個性的なものがつくられていたりする。

薬用酒も白酒がベースなので、すべてくさい。ここでは私がこれまで中国を旅する中で出合い、自らの体に流し込んできた珍しい薬用酒をいくつか紹介する。

【雪蛤大補酒《シュエハーダーブーチュウ》】　くさい度数　★★★★

中国東北地方の最北に位置する黒竜江省の哈爾浜市に行ったとき、寒さに震える私に、「これを飲めば体が温まる」といって薬用酒屋の主人が出してくれたのが「雪蛤大補酒」だった。ビンの中を見ると、褐色の酒の上のほうに黄色い塊がいくつもぷかぷか浮いている。どんな酒なのか尋ねてみたら、ガマガエルを使った薬用酒だという。

中国東北部は、冬になると零下40度まで下がる厳寒の地である。そのため、ここら一帯に生息しているガマガエルは、両棲冬眠動物といって春と夏だけ地上で生活し、秋になると地面が凍り始める前に土に入って冬眠する。冬眠する直前のガマは、保温および春までのエネルギー源として胸のあたりに大量の脂肪を蓄えているため、それを捕まえて脂肪を取り出し、白酒に漬けてつくるのだ。

主人は小さな盃にこの酒を注ぎながら、「ガマガエルの脂肪が十分に溶け出したこの酒を飲めば、体は温まり、活力がつく」と教えてくれた。

ビンの中に浮いているのが脂肪の塊で、ガマガエル自体でないことに、とりあえず安心した私は、盃の酒を口に含んだ。おっと、これが予想以上にくさかった。猛烈な脂の酸化臭と、渋味の強さに閉口し、飲み干すのに難儀した。それでも、そんなエピソードを聞くと、なんとなく体が温まったような気がしてくるから不思議だ。こうしたホントかウソかわからないような薬用酒屋の主人とのやりとりも、中国の旅の醍醐味《だいごみ》なのである。

【雄蛾酒《ションエチュウ》】　くさい度数　★★★★

貴州省の貴陽市では、筋肉痛に効果があるという薬用酒に出合った。このとき私は、前日に6時間くらい山道を歩いたりして、朝起きたときから足腰がひどい筋肉痛で呻《うめ》いていた。しかし、白酒の製造工場を訪ねる予定が入っていたので、痛む体にムチ打って車で工場へ向かったのだが、その道すがら、車窓から薬用酒屋の看板が見えた。「しめた！」と思って店の前で車を止めて店へ入り、筋肉痛にいい薬用酒はないか主人に尋ねた。

すると、主人が自信満々の顔で店の奥からもってきたのが「雄蛾酒」だった。名前のとおり、オスの蛾だけを集めて翅《はね》を取り、白酒に浸したものだった。背筋痛や足腰の痛み、興奮した神経を鎮める効果があるのだという。

とにかく、体の痛みが治まるなら何でもいいと思って、小さな盃を借りて店内で1杯飲んでみた。盃に注がれた酒の中には、沈殿物のような黒く変色した澱《おり》があり、においを嗅いでみるとひどく虫くさい。構わず飲んでみたら、少し甘味があって、それほどクセはなかった。特別に効いた感じはしなかったが、そのまま車へ戻って仕事先へ行ったところ、驚くなかれ。昼頃にはもう、体の節々の痛みがすっかり消えていたのである。印象的な体験だった。

【強壮酒あれこれ】　くさい度数　★★★～★★★★

中国の薬用酒屋は、強精酒・強壮酒の宝庫でもある。植物原料のものでは「強根酒《チャンゲンチュウ》」が有名だ。精のつく草木根を30種以上混ぜて白酒に浸し、長期間保存させたものだが、ある薬用酒屋の主人がいうには「朝の1杯は夜の2回、昼の1杯は夜の3回」とのいい伝えがあるそうだ。

広州市で飲んだ「至宝三鞭酒《ジーバオサンビエンチュウ》」は、オットセイとオオカミとシカの3種の睾丸《こうがん》を高粱の白酒に漬けたものだった。厦門《アモイ》市では「馬鬃蛇酒《マーゾンシエチュウ》」というすごいものを見つけた。なんと交尾している最中のキノボリトカゲを捕まえて、交尾した状態で2匹をタコ糸で縛り、白酒に漬け込んだ酒だ。思わず「おいおい、キノボリトカゲの身にもなってみろよ」と、トカゲに同情したくなった。

蚕の糞だけを白酒に浸した「天蚕酒《ティエンツァンチュウ》」なんて酒もある。糞が入っているとは思えないくらい美しい緑色をした酒だった。あと、翅《はね》を取ったセミを数匹こんがりと焼き、これを酒に入れた「蝉酒」も、強壮酒として昔から珍重されてきたようだ。このほか、「虎骨酒」、そして「ヘビ酒」（→241頁）と「紫酒《ツーチュウ》」（→243頁）については、葯材やつくり方がおもしろいので、別に項目を立てたので見ていただきたい。

ちなみに、強精酒・強壮酒に出合うたび、当然ながら私も飲んでいる。「効果はいかに？」とよく聞かれるのだが、どれがどうとはいえないものの、鼻血が出たことが1回、体の一部に徴候が出たことが数回あった。しかし、これが果たして薬用酒によるものなのかは誰にもわからない。そんなことも含めて、中国の薬用酒はロマンに満ちているのである。

この種の強壮酒は、多くが動物を白酒に浸したものであるから、そのくささは平凡ではなく、かなり生ぐさかったり、脂肪が酸化して生じた酸化臭があったりで、とにかくくさい酒である。

中国のその他の酒

【ヘビ酒】　くさい度数　★★★

中国にはヘビ取りのプロがいて、従業員をたくさん雇って大儲《おおもう》けし、億万長者になる人も少なくないという。そのくらいヘビがたくさんいるのだ。とりわけ米作地帯はヘビのエサであるカエルやネズミがいるので、ヘビもそれに比例して多い。

ヘビ取り名人が仕留めたヘビは、ヘビそのものが中華料理に使われたり、生薬の素材になったりするほか、ヘビ酒になるヘビも多い。だから、中国の大きな町にはたいていヘビ酒専門の店がいくつも存在する。

広州市に行ったときも、町の中心で立派なヘビ酒屋を見つけた。とくに買うつもりはなかったが、店の主人と会話を愉しもうと思って店へ入り、こんな質問を投げかけてみた。

「じつは私は女にモテ過ぎて困っている。連戦連夜の毎日で、最近はお天道さまが黄色に見えてきた。私にブレーキをかけてくれるヘビ酒なんてないだろうか」

すると、主人はニヤリと笑って即答する。

「俺も女に相当モテるが、お天道さまが黄色に見えるなんてことはないね。いつもバラ色に見えるよ。それはね、すべてヘビ酒のおかげだ。うちのヘビ酒は広東では伝説になっていて、朝、盃に一杯飲むだけでもうウハウハよ」

バラ色に見えるとはすばらしい。「じゃあ、私にそのヘビ酒を1杯飲ませてくれ」といったら、「よしきた！」とばかりに小さな盃に注いでくれた。こんな会話が愉しめるなら、ヘビ酒代など安いものだ。気分をよくして盃の酒を口に含んだとたん、ウッと吐き出しそうになった。尋常でないほどのヘビのにおいが、口と鼻に同時に襲いかかってきたのである。そりゃひどいものだった。生ぐさいというか、青くさいというか、ゆで卵の生ぐささが何十倍もふくらんで爆発したようなにおいだった。

「どこがバラ色だよ、くさくてたまらんよ」

私が悲鳴をあげると、主人はふふふと笑いながら「それが効くんだよ」とうそぶく。なんとも憎めないのである。くさいにおいには閉口したが、十分に満足してホテルへ帰ったのだった。翌朝目覚めたとき、あらためて主人に感謝したい気持ちになった。久しぶりに心身とも快活であることを自覚できたからである。やっぱり効いたのかなあ。

雲南省昆明市の近郊で見たヘビ酒は、大きなかめに巨大な大蛇1匹がまるまる漬かっていて度肝を抜かれた。ヘビ酒を見慣れた私でも、その迫力に息をのんだ。

ヘビ酒をつくるときは、数日間ヘビを絶食させて胃や腸の内容物を除き、生きたまま酒に漬け込むのが通例だ。なんとも残酷なのだが、もっとすごいのは広州のあるヘビ料理屋である。ここでは生きたヘビから黒緑色の肝を抜き取り、これを汾酒の入った茶碗の縁につけ、爪楊枝でつついて酒に溶かしながら飲むというメニューが用意されている。酒の色はヘビの肝から溶け出す汁でどす黒い色になっていくが、強精効果が高いのだそうだ。

日本でも、沖縄ではハブを泡盛（焼酎）に漬けた酒が売られている。あるいは、生きたヘビの頭を切断し、その流れる血を赤ブドウ酒に散らせて出す店もある。

ヘビを漬け込んだ酒のくさみは甚だ強く、主に生ぐささと共にヘビから出た脂肪が酸化された酸化臭が鼻をつく。

【紫酒《ツーチュウ》】　くさい度数　★★★

紫酒は、中国の貴州省や四川省あたりの農村地帯でつくられている白酒を原料とした薬用酒である。このつくり方もきわめてユニークだ。原料がニワトリの糞なのである。

ニワトリを何千羽も放し飼いにし、あちこちで糞をするたびに従業員が走って行って、ヘラで糞をすくい取る。この「ウンコ回収人」は何十人もいて、それぞれ大きな木箱に糞を片っ端から入れていくと、午前中だけで数千個くらいは軽く回収できる。十分に回収したら、最終的に一ヵ所に糞を集め、1個1個きれいに並べて日干しする。

ニワトリは、尿道と肛門が一緒になっているので、糞の中にはおしっこも混じっている。ニワトリの糞を見る機会があったら、ぜひ確認してほしいが、白くなっている部分が尿である。そして、糞をしたてのものは水気が多くてやわらかい。それを乾燥させると、白い粉が表面に浮いてくる。これがおしっこの成分である。

白い粉が浮いてきたら、再び糞を回収して、ガラス張りの箱の中で小さな刷毛《はけ》を使ってひとつひとつの糞から白い粉をパラフィン紙の上に落としていく。1000個くらいのニワトリの糞から、やっと耳かき1杯くらいの白い粉が取れるという。じつに気の遠くなるような作業だが、この粉を白酒に入れ、太陽の当たるところに置いておくと、あらあら不思議。酒が少しずつ紫色に変化していく。1ヵ月もすれば、紫酒の完成である。

酒が紫色に変わるのは、キレート反応と呼ばれる化学反応による。ニワトリの糞の白い部分には、おしっこに含まれる尿素や尿酸が含まれていて、それが太陽に当たると物理化学的変化（キレート反応）を起こし、紫色の色素ができてくるのだ。

中国では、この紫酒はリウマチの薬として珍重されている。

いやはや、いったい誰がどういう経緯で、この手間ひまのかかる酒を考案したのだろう。そもそも、ニワトリの糞を酒に入れるという発想がすごいが、それを飲むとリウマチがよくなることにたどりつくまでのプロセスはいかなるものだったのか不思議でならない。単なる偶然の産物なのか、あるいは人智を超えた力によるものなのか、そんなことを考えるだけでも愉しくなる。

肝心のにおいだが、これも期待どおりに結構くさい。決してウンチくさいわけではなく、白酒の強力なくさみが相変わらずとどまっているのである。

手作業でつくっているために生産量が限られる。だから、きわめて高価な代物で、もともと王族などの上流階級の人たちのためにつくられた酒だといわれている。

世界の酒

【アマルワ】　くさい度数　★★★★★以上

中国の白酒以外にも、くさい酒が世界にはたくさんある。

東アフリカのウガンダ共和国では、恐怖を感じるほどくさい酒と出合った。バトロ族の間で常飲されているバナナでつくった「アマルワ」という酒である。いま思い出しても、つい眉間《みけん》にシワが寄ってしまうほど、くさい体験だった。つくり方から紹介しよう。

原料は未熟な青いバナナで、これを房ごと土の中に掘った穴（直径約２メートル、深さ約80センチ）に入れ、穴の真ん中に煙突状の筒を立てて、初日だけ炭火を入れて暖める。その後、バナナの葉で覆い、上から土をかぶせて放置する。すると、４～５日でバナナは熟成して黄色くなり、糖分がぐんと高まる。この熟成バナナを掘り出し、今度は皮をむいて別の穴（直径約１・５メートル、深さ約25センチ）に入れる。ここで熟成したバナナを液状化させるのだが、バナナの汁が土に染みださないように、事前に穴の底や壁にバナナの葉を念入りに何重も重ねて敷き詰めておく。

　そこにバナナを入れたら、適量の水と、繊維質の多い硬い葉を投入し、あとは人の手作業ならぬ足作業となる。ひとりの男性が穴に入り、硬い葉をうまく使いながら、足でバナナを踏みつぶしていくのだ。

　このとき、バナナつぶしに慣れていない人が穴に入ると、ツルツルと足をすべらせて何度も転倒し、体じゅうバナナまみれになる。バナナにまみれすぎてヌラヌラとなり、立ち上がれなくなることもある。そんなとき、それを助けようと入った人も、一緒に足をとられて転んだりして、一度に5人の男が穴の中でバナナにまみれながら、やっとバナナを立派につぶし終えたという話も耳にした。

　話で聞く分にはおもしろいが、現場は壮絶である。なにしろ、この時点ですでに、バナナは酵母や酪酸などの微生物の作用で、チーズをさらにどぎつくしたような強烈なにおいを放っているからだ。

　ともかく、そうこうしているうちにバナナは液体になっていき、それが十分に溜まったら汁を漉《こ》す作業が始まる。まず、大きなひょうたんの底を切り抜き、そこに繊維質の多い草を詰め込んで、ひょうたんを逆さにし、即席の濾過《ろか》機をつくる。そして、その濾過機にバナナの汁をすくい取って入れ、ひょうたんの口から出てくる濾過汁を、丸木舟型の樽に集めていく。あとはそのまま放置して自然発酵させる。

においは日ごとに強くなり、３日もすると、チーズのどぎついにおいに、ギンナンをつぶしたにおいと、くさやの漬け汁のにおいが上乗りしたような凄《すさ》まじいくさみが、地域全体を覆い尽くす。家の中にいても、ちょっと離れた場所へ行っても、猛烈なにおいが漂っている。逃げ場がないのである。

私の話が決して大げさでない証拠に、この酒をつくったとき、数キロ先の村に住んでいる人たちが、においに気づいてどんどん集まってきた。なんと酒のくさいにおいが、まるで狼煙《のろし》のように情報伝達の役割を果たしていたのである。これ、本当の話である。

もはや、においから逃れるには、みんなで飲み干すしかない。思いきって飲んでみると、意外にのどごしのよい、さっぱりとした甘酸っぱい味がした。アルコール分は５％くらいだろうか。しかし、においがすごすぎて、初心者が心地よく酔うのは困難だ。

もちろん、現地の人たちはうまそうに飲んでいる。彼らの主食はバナナだから、日本人が主食の米で日本酒をつくっているのと同様に、主食原料酒であり、一年中、常に飲んでいるという。

ウガンダを旅行中、凄まじいにおいに気づいたら、ぜひ風上へ数キロ歩いていってみるといい。そこにはきっとアマルワがある。

【メスカルの虫酒】 くさい度数 ★★

世界には虫を漬けた酒もある。その中でも、私が実際に飲んでくさかったのは、メスカルに蛆《うじ》虫《むし》や芋虫を漬けた酒だ。

メスカルは、竜舌蘭《リュウゼツラン》の樹液を発酵させてつくるメキシコの蒸留酒で、テキーラという町で特別な竜舌蘭の樹液を使ってつくられるものは特にテキーラと呼ばれる。飲むと舌がピリピリするほどアルコール度数が高いが、そのメスカルの中にきれいに洗って汚物を吐き出させた蛆虫を漬け込んだ酒が、メキシコではよく売られている。数匹漬け込んだものもあれば、酒ビン（約1リットル）の半分が蛆虫で埋まっているようなものもある。

蛆虫を数ヵ月ほど入れておくと、メスカルが丸く熟れた味になって口当たりがなめらかになるという。蛆虫の体から溶け出したアミノ酸やペプチドといった成分が緩衝剤となって、舌や粘膜への刺激をやわらげるためと思われる。これに飲むときは、漉《こ》し布などを使って蛆虫を酒の中から取り出し、その蛆虫を肴に、蛆虫のエキスがたっぷり含まれたメスカルを飲むのである。

私はアメリカ旅行の途中で、メキシコの山中の小さな村に入り、いかがわしそうな食品店でこの酒を買って飲んだのだが、酒から取り出した蛆虫の食べ方がよくわからなくて、4～5匹いっぺんに口に入れてみたら、意外に硬くて難儀した。思いきって歯に力を入れて噛み砕いたところ、蛆虫はプチュン、プチュンと小さな音を立て、次の瞬間、その体液がドロドロと漏れ出て口の中を占拠した。淡い甘味の中に、アルコールの強いにおいと虫の生ぐさみが口の中で交錯し、吐き出したいのを必死で抑えて飲み込んだのをよく覚えている。

後日、この酒を飲んだことのある友人に話したところ、「一度にそんなにたくさんの蛆虫を口に入れるのではなく、せいぜい1匹か2匹、ゆっくりと口の中でころがすようにしながら味わうのが一番だ」と教えてくれた。

乳酒《にゅうしゅ》

世界には動物の乳でつくられる酒もある。それが「乳酒」だ。乳を発酵させてつくる酒だけに、脳を惑わせるような妖艶なにおいに満ち満ちている。

ふつう、酒の原料といえば穀類や果実などの植物が主体で、動物が原料のものは乳酒以外には存在しない。なぜなら、酒（アルコール）は酵母による発酵によって生じるが、酵母を働かせるには糖が必要だからである。動物の体は植物にくらべて糖類の含有比率が断然低い。ただし、乳にはある程度の糖（乳糖）が含まれている。牛乳で約4％、ヤギの乳で約4・5％、ウマの乳で約5％、人の母乳では約7％の乳糖が含まれている。

とはいえ、このうちアルコール発酵に使われるのはほんの一部であり、乳糖は発酵されにくい糖でもある。だから、乳酒のアルコール度数はどれも2％以下で、正直、私にはちと物足りない酒である。酔いたくてもなかなか酔えないからだ。

モンゴルへ行ったとき、毎日、ヒツジの肉を食べながら、ヒツジとヤギとウマとウシの乳でつくった乳酒を飲んでいた。乳酒は酵母によるアルコール発酵と同時に、乳酸菌による乳酸発酵も進むので、ヨーグルトのようにドロドロしていて強い酸味がある。それを丼に入れてガブガブ飲んでいたのだが、ちっとも酔えない。しかし、思いがけない効用があった。乳酒を飲んだ翌朝は、便通がきわめてスムーズだったのだ。もともと私は便通がいいほうだが、乳酒を飲むと便がやわらかくなる。

なぜなら、このドロドロの奇酒の中には活きた乳酸菌がたっぷり入っているため、腸の中で善玉菌が増殖し、腸の働きを整えてくれるのだ。肉を食べることの多いモンゴルではとても貴重な飲みものといえる。

しかも、微量とはいえアルコールが含まれているので、体が温まったり、食欲が増したり、ストレスの解消や気分転換にもなる。くさいにおいがなければ、いいこと尽くしの酒である。

乳酒は原料が乳なので、チーズやバターに似たくささがある。

乳酒はモンゴルだけでなく、世界各地で昔からつくられ、飲まれてきた。代表的なものを以下にあげてみる。

【ケフィア】　くさい度数　★★★

ロシア南西部の、黒海とカスピ海に挟まれたところに位置するコーカサス地方では、ケフィアと呼ばれる乳酒が昔からよく飲まれてきた。

ケフィアは、ウシやヤギ、ヒツジなどの乳を原料に、酵母と乳酸菌で3日間ほど発酵させたものである。もともとこの地域の山岳民族が、ヤギの皮袋の中に乳を入れて自然発酵させ、飲んだ分をそのつど乳を付け足して連続発酵させながら伝承してきたといわれている。コーカサス地方が長寿で知られる背景には、こんな食生活も関係しているのかもしれない。

ケフィアを毎日のように飲んでいるカザフ族の人たちに効用を聞いたところ、口を揃えて「疲れがとれるよ」といっていた。温めて飲むと風邪に効くという人も何人かいて、日本の卵酒を思い出した。

現在はロシアや東欧諸国のほか、ドイツ、フランス、スイスなどの西欧諸国にも市場が拡大している。短期間の発酵なのでくさみはほとんどなく、日本でも手づくり用のケフィアの種菌が市販されているが、これを使ってできるケフィアは、アルコール度数がかなり低いので、もはや酒ではなく、ヨーグルトのような感覚で、くさみもまったくない。

【乳奶酒《ルーナイチュウ》】 くさい度数 ★★★★★

中国の内蒙古自治区にあるロシアとの国境の町、満州里を訪ねたときは、ウマの乳でつくった乳酒をよく飲んだ。この酒は2種類あって、ひとつはウマの乳を発酵させてそのまま飲む酒である。前項でお話しした一般的な乳酒である。もうひとつは、ウマの乳酒を蒸留し、アルコール度数を高めた酒だ。

じつはこの地域には、ウマだけでなく、ウシやヤギの乳酒を同じように蒸留してつくった酒があり、これらを総称して「乳奶酒」という。乳酒を何度も繰り返し蒸留することによって、最終的にアルコール度数は30％以上にも高まる。

この乳奶酒のくささは驚異的である。乳酒自体くさいのに、それを蒸留するとアルコール分が濃縮されると同時に、くさみまで濃縮されて、頭がくらくらするような凄《すさ》まじいにおいになるのである。

満州里に滞在中、乳奶酒で酩酊してしまったことがあった。それは満州里から40キロくらい南にある大きな湖のほとりで、ヒツジのゆで肉と、湖で獲れたタイのから揚げを食べながら飲んだときである。このときは、ウシの乳を原料とした乳奶酒を飲んだ。アルコール度数は35度くらいあったと思う。

大草原の中で幻想的な湖を見ながらの宴はとても気分がよく、乳酒と同じように丼でぐいぐい乳奶酒を飲んでしまったのがいけなかった。酒が胃袋にどんどん吸い込まれるうちに、意識はもうろうとなり、それでも飲み続けたあげく、あとは記憶がなくなってしまった。どれくらいの時間が経ったのか、口の周りにヌルリとする官能的な感覚を覚え、少しずつ意識が戻ってきた。しかし、なかなか目が開かない。そのうち、顔全体に熱い吐息のようなものまで感じるようになり、桃源郷のような、うっとりとした夢見心地で目を開けてびっくり。ウシの巨大な顔が眼前にあり、その太い舌がよだれをだらだら落としながら、私の顔をなめていたのである。飛び起きたのはいうまでもない。

どうやら泥酔して、湖のほとりにひっくり返っている私の酒くさい吐息を嗅ぎつけて、放牧されていた牛がやってきたようだった。いやはや、旅先ではこんな落語のネタみたいなことが本当に起こるのである。

【カストリ(粕取)焼酎】　くさい度数 ★★★★

日本にもくさい酒はあり、私の大好きなカストリ焼酎はその代表選手である。カストリと聞いて、戦後の混乱期を思い出す年配者の方もいるだろう。強烈なくさみと、うすくぼんやりした白い濁りをもつ、あの酒である。

「あんな不味い密造酒、二度と口にしたくない」

そう思う人は、たぶん闇市で売られていたまがいもののカストリを飲んでしまったのだと思われる。本物のカストリは、後でお話しするように、日本酒の粕（酒粕）を蒸留してつくる焼酎である。

ところが、終戦直後の食糧難の時代、日本人の多くはその日食べる米を手に入れるのも困難な状況で、酒づくりに回される米には限りがあった。そのため、酒粕も貴重品となり、カストリという名のまがい物が闇市に出回るようになった。本物のカストリをうすめたものならまだ良心的なほうで、なかには工業用メチルアルコールを混ぜた猛毒の密造酒もあったようである。

そうしたことから、現在でも年配者の間では、カストリに悪しきイメージを抱いている人が結構多い。これは２００年続く造り酒蔵で生まれ育った私としては残念でならない。声を大にしていいたい。カストリは真っ当な焼酎であり、戦後の闇市に出回った密造酒とはまったく別ものである。

両者を区別するため、業者のあいだでは本物のカストリを「早苗饗《さなぶり》」と呼んだ時代もあった。カストリ焼酎をつくるときに出る廃粕が、農作物の良質な肥料になったことから、この名がついたということだが、残念ながら世間には広く浸透しなかった。

そして日本の経済が上向きになるにつれ、カストリは表舞台からすっかり消えてしまったのである。しかし、市場から完全に消えたわけではない。インターネットで検索すれば、すぐにカストリの製造元または販売業者を見つけることができるはずだ。

それでも、今日市販されているカストリ焼酎の大半は、「粕もろみ取り焼酎」といって、酒粕を湯で溶いてから、これに水蒸気を吹き込み、出てくるアルコールを焼酎とするものであって、旧来の本格的なカストリとは味もにおいも大きく異なる。ひとことでいえば、あの郷愁をそそる麗しのくさみは期待できないのである。

旧来の本格カストリの製造は、まず原料の「踏み粕」を適当な大きさに切断するところから始まる。踏み粕とは、酒のもろみを圧搾して出た新粕を、木桶の中に堆積して足で踏み込んで２～３ヵ月間熟成させたものである。こうすることにより、強烈なにおいを上乗せできるのだ。

この切断した踏み粕に、もみ殻をまぶして混和してから、大きな釜の上の蒸留塔のセイロに入れて蒸し、蒸留を行うが、本格法の最大の特徴は、このもみ殻の混和とセイロによる蒸し方にある。もみ殻を混ぜるのは、粕と粕のあいだに蒸気を通す空間をつくるためで、もみ殻特有の枯れたようなにおいも本格カストリの重要な香気成分のひとつとなる。さらにセイロでの蒸留は、酒粕という固形物を加熱するので、粕もろみ取りという液体での加熱では得難いにおいが発生する。

そして、蒸気とともに蒸留されてきたアルコールは、そのにおいとともに冷却蛇管を通って冷やされ、管の先端からピカピカのカストリ焼酎が滴下してくるのだ。これを集めてビンやかめに貯蔵し、少なくとも1年熟成させると恐ろしいほど優雅なくさみをもった芳醇な製品に成長する。

私の実家の造り酒屋では、今でもこの方法で本格カストリ焼酎をつくっている。そのくさみはすばらしく、帰郷するといつもこの焼酎をとことん堪能《たんのう》する。現在、10年以上熟成されたカストリ焼酎があるが、これがもう見事な香味で、幻の酒といっていい。ヨーロッパの著名な名酒にも負けない酒だと、私は自負している。

ちなみに、カストリが白く濁っているのは、高級脂肪酸のエチルエステルが含まれているためだ。エチルエステルの微粒子が酒の中を浮遊し、白濁を生じるのだが、アルコール度数を少し高めると、その微粒子はアルコールに溶け、酒は透明となる。一番うまいのはこの白濁が生じる程度よりやや高いアルコール度数、すなわち22~23度くらいのもので、口に含むと舌に絶妙な感覚がある。

ぜひ本格カストリのすばらしい味とにおいを知っていただきたいと願う次第である。

第 9 章

チーズ

Cheese

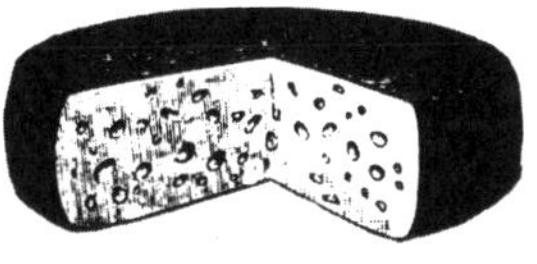

チーズには、くさいものがいっぱいある。妖艶なにおいのチーズも多く、どれも私の大好物である。このすばらしい食品は、次のような偶然から生まれたと伝えられている。

古代アラビアの商人たちがラクダに乗って暑い砂漠の中を旅していたとき、のどを潤おそうと手づくりの水筒を取り出した。この水筒はヒツジの胃袋を乾燥させたもので、出発前、そこにヤギの乳を入れてきたのだが、いざヤギの乳を飲もうとすると、乳ではなく、白い塊と透明な液体が出てきた。アラビア商人たちは驚いたが、なめてみたらとてもおいしくて、ここからチーズづくりが始まったといわれている。

なぜ、水筒に入れたヤギの乳がチーズに変化したかというと、ラクダの上で水筒がガチャガチャと揺らされるうちに、乳の中のたんぱく質と脂肪が水分と分離し、そこにヒツジの胃袋に残っていたたんぱく質を固める酵素（レンネット）と乳酸菌が作用して、ヤギの乳の発酵が促されるとともに、そのたんぱく質が固まって、白い塊（ナチュラルチーズ）と、透明な液体（ホエイ）が得られたのである。

現在のチーズも同じ過程でつくられる。最終的にホエイをきれいに取り除き、塩を加えて熟成させればナチュラルチーズのできあがりである。このナチュラルチーズに熱を加えて発酵を止めたものがプロセスチーズである。

世界には、ナチュラルチーズとプロセスチーズを合わせて数百種類のチーズが存在するといわれている。確かにいまやどこの国を旅しても、地酒とチーズはだいたい手に入る。〝発酵仮面〟の私は、当然ながらどこの国でも地酒とチーズを堪能《たんのう》する。チーズは奥の深いコクと酸味、そしてぬめりとした食感が嬉しく、見た目が怪しくて、はっとさせるようなくさみがあるなど、魅力がいっぱいである。

トルコやブルガリア、ユーゴスラビアあたりの田舎のチーズ屋へ行くと、「これは本当に食べても大丈夫か」と心配になるほど、見た目が怪しいものが売られている。たとえば、チーズ全体が赤や黒、黄、青、灰色などのカビで覆われていて、手にとってふっと息を吹きかけるとカビの胞子がファーと舞い上がり、くしゃみが止まらなくなったこともあった。あるいは、表面のカビを飛ばしたら、穴がブツブツと開いていて、そこから蛆虫《うじむし》がぞろぞろ出てきたこともある。今風にいうなら「ヤバイ」といった感じのチーズが、今もって世界にはたくさん存在するのである。

そして、きわどいほどのあのにおい。好事家たちは「妖しいにおい」という表現を好んで使うが、あのにおいこそ、チーズの最大の特徴なのだ。しかし日本では乳製品の食用の歴史が浅いため、チーズの味はもとより、においが苦手という人もいる。一方、西欧人にとってチーズは、日本人にとっての漬物みたいなもので、朝食やディナー、酒の肴に欠かせない一品である。

チーズのにおいの本体は、すでに読者のみなさんにはお馴染みのプロピオン酸、酪酸、吉草酸、カプロン酸といった揮発性の有機酸とヘプタノンやノナノンといった特殊な乳発酵成分である。そこにバターフレーバーまたはミルクフレーバーと呼ばれるケトン体化合物がわずかに相乗して、特有のにおいが生み出される。このとき、原料の乳や、発酵微生物の種類、製造方法などの違いによって、さまざまな個性的くさみをもつチーズが生まれるのである。

以前、トルコのクルド族の村を訪ねたとき、170年ごとに改修工事を行うという小さな祠《ほこら》があって、その日たまたま改修工事が行われていたので見に行ったら、祠の中からチーズが出てきたことがあった。丸くてちょうど硬式野球ボールぐらいの大きさのヤギのチーズがごろごろ出てきたのである。それは170年前の改修のときに納められたものだという。煤《すす》けて真っ黒になっていたが、私は村長に新しいチーズを用意するためのお金をお布施として渡し、その170年前のチーズを数個譲っていただいた。

そのあと、かじって食べようとしたが、硬くてとうてい歯が立たない。仕方ないので、石で思いきり叩き割ったところ、なかはやや灰色がかった黄色をしていた。おそるおそる食べてみると、これが驚くことに、口のなかで溶けてくると、まったく今のチーズと変わらない味がしたのである。とても感動したのを覚えている。

チーズは乳酸菌が乳酸をつくって腐敗菌の侵入を抑えるため、何年経っても腐らない。おかげで、日本から遠く離れた異国の地で170年間ずっと祠の中に入れられていたチーズの味にふれることができた。まったく貴重な体験であった。

チーズは栄養満点の食品でもある。乳由来の栄養に加え、乳が発酵・熟成する過程で増えたり生まれたりする有効成分がたっぷり含まれている。

まず動物性たんぱく質と脂肪が豊富で、手軽にカロリー補給できる滋養食品としてすぐれている。

また、ビタミンAやB_2、カルシウムなど、各種ビタミン・ミネラルの宝庫でもある。さらに、健康の維持・増進に役立つペプチド（たんぱく質の分解物）のほか、ナチュラルチーズには腸内細菌（腸に棲《す》みついている細菌）のバランスをよくして、病気に対する抵抗性（免疫力）を高めてくれる乳酸菌も豊富に含まれている。

ここでは世界の数あるチーズの中でも、とりわけくさいものをいくつか厳選して紹介しよう。

【リンブルガー】　くさい度数　★★★★

きわめて強烈で、たいがいの大人なら思わずニヤリとするような妖艶なにおいをもったチーズの代表といえば、リンブルガーである。ベルギーが起源のチーズで、中世の修道僧がつくり始めたといわれている。

納豆菌と近縁のリネンス菌を使って発酵させてつくることから、どうしてもくさいのは避けられない。しかも、リネンス菌は人の体臭の原因菌でもあり、妖艶なにおいに感じるのも、また然《しか》りなのである。

オランダの研究者が非常におもしろい研究報告をしている。マラリアを媒介する蚊（ガンビアハマダラカ）が好むにおいを調べたところ、人の足のにおいと同じくらい、このリンブルガーに惹《ひ》きつけられることがわかったというのである。蚊もまた、思わずニヤリとしてしまうということとか。

リンブルガーは、においのわりに味はマイルドで、それほどクセがない。現在はベルギーのほかドイツとアメリカで主に生産されているようである。

【エルヴェ】　くさい度数　★★★★

エルヴェも、ベルギーで生まれた15世紀に遡《さかのぼ》る修道院起源のチーズで、とても立派なくさみをもっている。

ドイツへ行ったとき、レストランで黒パンとワイン、そしてエルヴェを注文し、ニヤつきながら食べていたら、ドイツ人の友人が肩をすぼめ、小声でささやいてきた。

「わがドイツにはほかに、もっとにおいの強いティルジッターというチーズがある。ドイツの紳士はそれを外で食べたら、そのあと口をよくすすいでから帰宅することになっている。奥方にあらぬ疑いをかけられると困るからね」

そう、うそぶくのである。そして、お互い顔を見合わせて、またニヤリとするのだ。そんな愉しいチーズである。

【ティルジッター】　くさい度数　★★★★

酔狂なあるドイツ人が、女性のにおいを乳製品にたとえて次のようにいった。

「娘はミルク、花嫁はバター、女房はチーズ」

まるで出世魚の呼び名のようだが、この分類でいけばティルジッターは「女房のチーズ」に相当するだろう。女房のチーズと聞いてもピンとこない人のために、フランスの小噺《こばなし》をひとつご披露しよう。

連日の戦いで疲れ果てたナポレオン、すでに作戦会議が始まる時間なのに、ぐっすり眠り込んでなかなか起きてこない。そこでお付きの者たちが一計を案じ、これぞと思う食卓のチーズをひとかけらもってきて、寝ている将軍の鼻先につきつけた。するとナポレオンはやおら体を起こし、「おぉ、ジョセフィーヌ」と叫んだあと、「今夜はもうこれでよい。余は疲れた」といってまた寝入ってしまったとか。

このチーズの名は特定されていないが、ティルジッターはそんなにおいである。

ティルジッターは、その表面につくバクテリアと酵母との熟成作用によって表面熟成型のチーズとなっていることから、風格さえ感じるくささに仕上がっている。

【ハントケーゼ】　くさい度数　★★★★★

南ドイツに旅したときに出合ったハントケーゼも、ナポレオン将軍が寝ぼけて妻の名を呼びそうな「女房のチーズ」のひとつである。このチーズは、見た目はカラスミに似ているが、これも表面熟成型のにおいの強いチーズで、くさやの干物とよく似たにおいがする。

ドイツでこのチーズを買い込んできた私は、おもしろい実験を思いついた。行きつけの飲み屋にもって行って、くさやの干物と聞けば千里の道も厭《いと》わずに駆けつけるであろう、くさや好き4人衆に試食してもらったのだ。くさやが好きなら、においが似ているハントケーゼも好きなはずである。

ところが、意外なことに、4人ともこのチーズはまったくお気に召さない様子だった。一口食べただけで、みな困惑したような顔で、うるさいほど賑《にぎ》やかだった彼らはピタリと黙ってしまったのである。民族の嗜好《しこう》の違いには、かように大きな開きがあるのだ。

民族とにおいの間には、目に見えない強い結びつきがあって、何千年もまったく接触する機会のなかったにおいに対しては、たとえ身近なにおいに似ていても、思わず警戒し、困惑してしまうのである。同じようなにおいでも、私たちは敏感にその違いを嗅ぎ分ける力をもっていて、それが遺伝子にすりこまれているのだろうと思う。

【スティルトン】　くさい度数 ★★★★★

イギリス産のスティルトンは、後で紹介するゴルゴンゾーラ、ロックフォールと並んで、世界三大ブルーチーズのひとつである。くさみはいずれも、ナポレオンを惑わす女房のチーズの類である。

牛乳を乳酸菌で発酵させたあと、青カビ（ペニシリウム・ロックフォルティ）で熟成させて仕上げるのが特徴で、青カビを混ぜることにより、チーズの内部から熟成が進んで、独特の風味がつくられる。すなわち、青カビが牛乳に含まれるたんぱく質を分解し、うまみ成分（アミノ酸）をつくり出して熟成を進めていく一方、青カビは乳脂肪も分解し、特有のにおいを生み出すのである。

スティルトンという名称は、ＥＵの規定（原産地名称保護制度＝ＰＤＯ）に則《のっと》った地域と製造法でつくられたものにしか使用することはできず、現在はイギリス３県にある６社の製造所でつくられているだけである。

ブルーチーズの中ではわりとマイルドな味わいだが、口に入れるとねっとりした食感があり、舌をピリピリと刺すような刺激のあと、深いコクが湧き出てくる。そして、においがなにしろ強烈で、あの手のにおいのチーズの代表格のひとつである。

しかも、青カビがマーブル状に混ざった外見は、このチーズが好きな人たちには美しく見えるが、苦手な人間にとってはグロテスク以外の何ものでもないだろう。もちろん、この青カビは体に害はないのだが、好き嫌いがはっきり分かれる食べものである。

とくに歴史的に乳製品を食べる習慣のなかった日本では、かつてこのようなチーズを食べるのはよほどの好事家くらいであったが、最近はワインブームも手伝って積極的に愉しむ人が増えている。

一方、スティルトンの原産地のイギリスでは、エリザベス女王も毎日食べているという国民的チーズで、クリスマスにはスティルトンにポートワインを合わせるのが定番だという。

青カビを使わないフレッシュタイプのホワイト・スティルトンもある。

【ゴルゴンゾーラ】　くさい度数 ★★★★

ゴルゴンゾーラは、イタリア産のブルーチーズで、スティルトンと同様に牛乳を発酵させたあと、青カビ（ペニシリウム・ロックフォルティ）を加え、それを熟成させてつくられる。

ゴルゴンゾーラという名は、1000年ほど前、牛追い人が夏のアルプスで放牧していた牛の群れを移動させる途中で、イタリア北部のゴルゴンゾーラ村に立ち寄った際、その牛の乳でつくったチーズがやわらかくておいしいと村で評判になったことに由来するといわれている。現在このチーズは、イタリアの原産地名称保護制度（ＤＯＰ）に則《のっと》って、法律的に生産地が限定されている。

ブルーチーズの中では、ゴルゴンゾーラは青カビの風味がわりとマイルドで食べやすい。とくに「ドルチェ（甘い）」と呼ばれるタイプのゴルゴンゾーラは、青カビや塩分が少なくてほのかな甘味をもち、しっとりとクリーミーなので、青カビタイプのチーズを初めて食べる人にはおすすめだ。

一方、「ピッカンテ（辛い）」と呼ばれるタイプのゴルゴンゾーラは、青カビがびっしりと入っているため、青カビ臭が強く、口に入れると舌を刺すようなカビの刺激を感じる。辛味が強いことから、パスタやリゾット、ピザといった料理に香辛料として使われることが多いが、その青カビの風味と辛味にとらわれて、やみつきになる人も少なくない。

【ロックフォール】　くさい度数　★★★★

世界三大ブルーチーズの３つめは、フランス産のロックフォールである。三大ブルーチーズの中で、唯一、ヒツジの乳を原料としているのが特徴で、堂々たる存在感と伝統、そして完成度の高さからブルーチーズの王様といわれている。

歴史が古く、昔からフランスのロックフォール村にある岩山の洞窟の中で、そこに存在する青カビ（ペニシリゥム・ロックフォルティ）を使って熟成されてきた。現在もこの洞窟で熟成され、規定どおりの製造法でつくられたものだけが、ロックフォールを名乗ることができる（フランスの原産地統制呼称の指定＝ＡＯＣ）。

濃厚で深いコクがあり、白い地肌の部分の食感はなめらかだが、青カビの部分はざらついた舌ざわりで、塩味がとても強く、鼻をつくにおいもかなり刺激的だ。においの元はもっぱら青カビが乳脂肪を分解することで生まれる特有のにおいで、原料のヒツジの乳のにおいを消し去るほど凄《すさ》まじく、「通好み」のチーズである。

いずれにしても、ブルーチーズの中でも非常にクセが強いため、初心者にはハードルが高いだろう。しかし、いろいろなブルーチーズを食べて、その風味に慣れていくうちに、ロックフォールの魅力に目覚める人も多い。いったんはまるとその風味のとりこになってしまうから不思議である。

【エピキュアー】　くさい度数　★★★★★以上

チーズのくさいもののランキングで、私がいつもトップに挙げるのが、ニュージーランド産のエピキュアーである。そのくささは、私がこれまで食べてきたさまざまな食品の中でも群を抜いていて、アラバスターというにおいの度合いを測定する機器を使った計測でも、科学的に裏付けられている。

アラバスターによるくさい食品ランキングは、16頁でも少し述べたが、あらためて紹介すると、第1位はシュール・ストレミング、第2位はホンオ・フェ、第3位はエピキュアーチーズ、第4位はキビヤック、第5位は焼きたてのくさや、第6位にフナ鮓、第7位が納豆であった。

つまり、エピキュアーは、くさややフナ鮓を超える、ベスト3に入るくさい食品なのである。1位のシュール・ストレミングと共通しているのは、缶の中で熟成させる点だ。シュール・ストレミングはニシンの缶詰だが、エピキュアーはチーズの缶詰なのである。

シュール・ストレミングと同様、エピキュアーの入った缶詰も、乳酸菌の発酵によって生じた炭酸ガスや硫化水素などの気体のためにまん丸く膨満し、一触即発の様相を呈している。実際に、缶を開けるとその瞬間、缶の中に充満していた猛烈なにおいが一気にほとばしり出てきて、これをまともにくらえば思わず立ちくらみするほどだ。

とにかく、他のチーズにない特異なすごみのあるにおいをもっている。エピキュアーのにおいにいったん魅了されたら最後、ブルーチーズのにおいなんか屁《へ》みたいに感じて物足りなくなってしまう。味も酸味が強くてコクがあり、やみつきになること請け合いである。

【ベリー】　くさい度数　★★★

ベリーは、ヤギの乳を原料につくられるフランスのチーズである。くさみも相当なものだが、その見た目がとても奇抜でおもしろい。色にせよ、形にせよ、まるで馬糞《ばふん》そのものなのである。

このようなことをいうと、ベリー好きの人に叱られそうだが、路上に数個並べて置いておいたら、100人が100人、馬糞だと思うに違いない。もちろん、馬糞のにおいがするわけではないが、それにしても見た目が似ているのである。

【バノン】　くさい度数　★★★★

フランス南東部のボークリューズを訪ねたときは、石壺に入った風変わりなチーズを見つけた。それがバノンと呼ばれるチーズであった。

バノンはヤギの乳を原料につくられたチーズで、そのままではにおいがあまりにも強烈で、近づくものさえいないということから、においをやわらげる工夫がなされてきた。そして、薬味草（ブランデーに浸したフライヤの葉、または栗の葉）に包んでから、石壺の中で2ヵ月間熟成させることにより、においを落ち着かせる方法を見つけたのである。

2カ月後、石壺から出す頃には、強いくさみはすっかり消え、とてもマイルドで上品な風味のチーズに変わっている。さしずめ、女房が生娘に若返ったようなイメージである。

【ハニーム・ゲベイ】　くさい度数　★★★

トルコへ行ったときは、ハニーム・ゲベイというチーズを見つけて、思わずニヤリとしてしまった。ベリーダンス（トルコ語ではオルヤン・ダンス＝東方舞踏）を踊る女性の姿が、ふと頭に浮かんだからである。

ベリーダンスは、もともと中東やアラブ圏をルーツとするダンス形態で、肌を露出した女性たちが、腰を激しくふったり、しなやかにしゃくりあげたりしながら官能的に踊るのが特徴だが、ハニーム・ゲベイは、そのベリーダンスの踊り子たちのヘソとそっくりな形をしているのだ。

このチーズを目で愉しみながら、鼻でにおいを堪能し、殿方諸氏は想像を掻き立てられてニヤリとしながら、ぐいーっと一杯ひっかけるのである。

【フェタ】　くさい度数　★★★

世界で一番チーズをたくさん食べている国は、フランスでもなく、ドイツでもなく、じつはギリシャである。ギリシャでは神話の時代からチーズづくりが行われていて、現在の年間の1人当たりのチーズの消費量は、日本のおよそ15倍に上るというから驚きだ。

そのギリシャで最も人気のあるチーズが、フェタチーズである。フェタは、ヒツジ（またはヤギ）の乳を原料につくられるギリシャの伝統的なチーズで、世界最古のチーズともいわれている。

塩水の中で熟成させるため、強烈な塩味がする。水に漬けて塩抜きしてから食べても、かなり塩辛い。塩味以外は、わりと淡白な味わいでクセがないが、食べているうちにヒツジの乳のにおいが鼻をついてくる。しかし、これもご愛嬌で、食べ慣れるとその奥深いコクがやみつきになる。こってりとした食感も嬉しくて、ギリシャの伝統料理にフェタが欠かせないといわれるのもうなずける。

グリークサラダは、ギリシャのフェタ料理の代表で、季節の野菜やオリーブの実、アンチョビなどを和《あ》えたサラダに、適当な大きさにちぎったフェタをトッピングしたものである。日本でもギリシャ風サラダといった名称で、このサラダを提供しているところが結構あるからご存じの方も多いだろう。フェタの真っ白い色がアクセントとなり、見た目も美しく、ヘルシーで、とくに女性におすすめのサラダである。

ギリシャでは、フェタをフライにした料理（サガナキ）もあるようで、塩味が強いので調味しなくてもうまそうである。

第 10 章

漬物

Pickles

日本の漬物

漬物のもつにおいの強さは、東洋のほうが圧倒的に上位である、西洋の漬物のにおいはどこか品があり、食品としての枠内に収まっている。いい換えれば、ちょっとオモシロ味が足りない。

これに対して東洋の漬物はバラエティに富んでいて、猛烈に感動するほどくさいものがある。まずはわが国のくさい漬物自慢からしていこう。

日本では北海道から沖縄まで、全国で600種類以上の漬物があるといわれている。漬け込む材料だけ見ても、野菜類、キノコ類、花やつぼみ、海藻類、肉類まで、とにかく多彩だ。なおかつ、漬け床の種類も豊富で、糠《ぬか》、粕《かす》、味噌、麹《こうじ》、醤油、みりん、たまり、米酢、もろみなど枚挙にいとまがない。さらに漬け込む期間の長さによって、即席漬け、一夜漬け、浅漬け、古漬けなどに分類されている。世界の中で抜きん出た漬物大国といえる。

その中でくさい漬物といえば、やはり発酵させてつくる漬物だ。発酵漬物は一般に、材料についている乳酸菌と、材料に含まれる糖類に作用して発酵するのだが、このとき独特の強い発酵臭が生じる。

発酵させてつくる漬物は、酸味と塩味が利いていて、ごはんのお供として欠かせないうえに、野菜の栄養を効率よくとるのに最適である。

野菜を加熱するとビタミン類が壊れてしまうが、生だとたくさん食べられない。その点、漬物にすれば、大きなハクサイも小さくなって食べやすいし、糠漬けにしたものは次項で述べるように野菜中のビタミンも増している。さらに、腸の働きをパワーアップする乳酸菌もいっぱい補給できて、いいこと尽くしなのである。

では、選《よ》りすぐりの日本のくさい漬物を紹介しよう。

【糠《ぬか》漬け】　くさい度数　★★★

日本を代表する漬物が糠漬けである。糠漬けは、精米するときに取り除かれる糠を使って食材を漬け込み、発酵させたものだ。これがじつに日本人の知恵が詰まった食品なのである。

糠には、炭水化物やたんぱく質、脂質、ミネラル、ビタミンなどの栄養素が驚くほど豊富に含まれている。さらにこの糠を発酵させた「糠みそ」は、発酵微生物の宝庫でもあり、親指の爪ほどの量（1グラム程度）の中に、約3億もの乳酸菌や酵母がひしめき合って存在している。

ここに野菜を漬け込むと、糠由来の成分や、微生物のつくり出す微量成分が野菜の栄養価をパワーアップしてくれる。とりわけビタミンB群が増えることが知られている。

また、糠漬けを食べると、糠みそに存在する多量の乳酸菌も体内に入ってくる。すると、それらは腸の中で繁殖し、ビタミンを生成して人体に供給してくれたり、腸内に悪玉菌が増えるのを抑えてくれたり、私たちの健康増進に大いに貢献してくれるのだ。もちろん、野菜のうまみやにおいもぐんと高まる。

昔は「食用の糠みそ」を別につくって、料理に使っている家庭もよくあった。食用の糠みそは、糠をやや硬めに練ってサンショウの実、トウガラシ、ミカンの皮などを混ぜたところに燗《かん》ざましの酒を加えて発酵させてつくるのだが、たとえばイワシやサバなどの青魚を煮るときにこれを適量加えると、魚の生ぐさみがきれいにとれる。くさいものにくさいものを重ねると、不思議にくさいものが消えてうまくなるのである。

能登や金沢などの北陸地方では、「へしこ」といってイワシややサバをそのまま糠漬けにして食べている地域もある。これもなかなかのくさみを有した嬉しい逸品である。石川県の珍品「フグの卵巣の糠漬け」については62頁で紹介した。

しかし、糠漬けの代表選手といえば、やはりタクアン漬けである、

【タクアン漬け】　くさい度数　★★★★

タクアンのにおいは凄《すさ》まじい。昔、学校にもって行く弁当の中にタクアンが2〜3切れ入っていたりすると、通学する汽車やバスの中でも、あの「屁《へ》」のようなにおいが周囲にただよって恥ずかしい思いをしたものである。

タクアンのくさいにおいの正体は、本書で何度も紹介してきた硫化硫黄化合物軍団（硫化水素、メルカプタン類、ジスルフィッド類、ジメチルスルフィッドなどの揮発性硫化硫黄）である。ダイコンはもともと含硫化合物が多く含まれているため、糠漬けにすると、その発酵過程で揮発性硫黄化合物軍団となって飛散するから、あのような強いくさみとなる。揮発性硫黄化合物軍団は、人間の屁にも高濃度で存在しているものだから、タクアンが屁のようなにおいがするのは当然なのだ。

以前、宮崎県の農村へ行ったとき、何千本、何万本というダイコンが縄で吊るされ、日干しされている光景を目にしたことがある。地元の工場が、タクアン漬けをつくるために干しているとのことだったが、じつに圧巻だった。小さい頃によく見た原風景を思い出し、感激しきりであった。

最近のタクアンは「塩押し法」といって、日干しせずにつくるものが主流だが、やはり日干ししたダイコンでつくったタクアンのほうが絶品である。うまみやにおいはもちろんのこと、カリカリコリコリとした特有の歯ごたえがたまらない。近頃の日本人は咀嚼《そしゃく》力が低下したといわれているから、ぜひ干しダイコンのタクアンをもっと復活させて、大いにこれを食べ、顎《あご》の筋肉を鍛えて快活になっていただきたい。

タクアン漬けを使った私のおすすめレシピをひとつ紹介しよう。まず古漬けのタクアンを厚めの輪切りにし、ゆでて塩気を抜く。このとき、古漬け本来の酸味を残すのがコツで、ゆで終わったら鍋にとり、その上にチリメンジャコをまいて濃いめのダシで煮上げ、小皿に盛って七味唐辛子をかける。牧歌的な酒の肴のできあがりである。

浅漬けが純粋無垢《むく》の少女だとすると、タクアンの古漬けは味が豊満で、円熟した色香漂う熟女のようなものだ。

【なまぐさごうこ】　くさい度数　★★★★

新潟市の角田浜《かくだはま》と呼ばれる地域には、江戸時代からイワシ醤油を使った「なまぐさごうこ」と呼ばれるタクアン漬けが伝えられている。２０１４年の夏にＮＨＫ総合テレビで放映された『小泉武夫の発酵漫遊記』で紹介したところ、視聴者から大きな反響があったのでここでも紹介しよう。

角田浜には年数回、イワシが産卵のためにやってくる。イワシが陸に近づいたとき、「よっしゃ、今だ！」とばかりに網を張ると、大量のイワシを一網打尽に捕獲できる。そのイワシを地元の人たちは生きたまま買ってきて、各家庭で塩漬けにする。その様子は豪快である。大きな樽の中に、ぴちぴち飛び跳ねているイワシを入れ、20％くらいの塩を加えて3年間発酵させるのである。

3年置いておくと、乳酸菌による発酵で生じた乳酸が、イワシの骨のカルシウムとくっついて乳酸カルシウムとなり、イワシは溶けてドロドロとなる。イワシ醤油のできあがりである。

角田浜では、このイワシ醤油を大きな鍋に入れて火にかける。すると、あらあら不思議。約70度の温度に達したところで、イワシ醤油のドロドロ感は完全に失せて、さらさらの液体となる。この汁をタクアン漬けに使うのである。

すなわち、1週間ほど干してシナシナになったダイコンを桶の中にきれいに並べて漬け込んでいき、最後に上から加熱してさらさらになったイワシ醤油を流し込む。そして、桶に蓋をして重石をのせ、2年くらい置いてから食べるのである。いやはや、タクアンを食べるのに5年の歳月をかけるとは、究極のスローフードである。

5年が過ぎてタクアンを桶から引き出すと、これまた不思議、タクアンのにおいがしない。ほんのりとイワシの発酵したにおいがするばかりである。では、味はどうなのか。タクアンを薄く切ったものを口に入れてみる。すると、なんとイワシの味がした。タクアンを食べているのに、イワシの味とにおいがするのである。これには本当に驚いた。

これこそ、イワシの魚醤の最大の知恵の食べものだと思う。今後もぜひ伝承していってほしい食べ方である。

【すぐき漬け（酸茎漬け）】　くさい度数 ★★★

京都の三大漬物のひとつが、すぐき（酸茎）漬けである。

江戸時代（1697年）に発刊された『本朝食鑑』に、「洛外の賀茂の里人のつくる酸味を生じたものは酸茎《すいぐき》といって賞味されている」とあり、すぐき漬けが300年以上前から食されてきたことがわかる。また、上賀茂神社の神宮の門外不出の神社贈答品として、すぐき漬けが使われていた時代もあったようだ。

すぐき漬けというのは、京都・上賀茂地区を中心とした限られた地域でつくられるカブの一種「スグキナ（酸茎菜）」を塩だけで漬け込み、乳酸発酵させたものである。京都へ行くと、スグキナの円錐形の根株に茎をくるくるっと巻きつけた、とても愛らしい形で売られている。乳酸発酵させているから、やはり強烈なにおいと酸味があるが、いったん好きになると、それが逆にクセになってポリポリと夢中になって食べてしまう。

そのままで十分うまいが、食べ慣れない人には酸味の強さだけで、ちょっと物足りないかもしれない。そんなときは、醤油や七味唐辛子、炒りゴマ、サンショウなどをかけると、それぞれの味わいを愉しめるし、酒を少しかけると、酸味がやわらいで食べやすくなる。

しかし、強い酸味とにおいは、すぐき漬けの特徴であるから、できればそのままの風味を愉しんでいただきたい。すぐき漬けを刻んで、炊き立てのごはんや茶漬け、粥《かゆ》にのせて食べるのもおすすめである。

【高菜漬け】　くさい度数　★★★

全国各地でつくられている菜漬けの中で、よく知られているのが高菜漬けである。

高菜はアブラナ科の植物で、中国から伝来したといわれているが、その食の歴史は古く、平安時代に編纂された『新撰字鏡』などにも「太加菜」の名で登場する。地域によって、青菜、芭蕉菜、カツオ菜、山潮菜といったさまざまな呼び名がある。

主に漬物に使われていて、塩漬けにしたあと乳酸発酵させたものが高菜漬けである。あまり発酵させないで浅漬けにしたものもあるが、くさい度合いで選ぶなら、断然、乳酸発酵させた高菜漬けに軍配が上がる。

高菜漬けを使った私の大好物に、高菜ラーメンがある。ラーメンに刻んだ高菜漬けをどっさりのせたラーメンなのだが、高菜漬けをたくさん入れることで、ラーメンの脂っこさが中和され、見事、和風ラーメンに変身する。中華料理と高菜は意外に相性がよく、チャーハンに刻んだ高菜を入れたメニューも人気だ。

高菜漬けだけを油で炒めたものは、酒の肴として最高である。炒めると、さらに独特のくさみが増して、いくらでも食べられる。ごはんのおかずにしてもうまい。

純和風の食べ方としては、高菜漬けで包んだおにぎりがある。これも只事ではないうまさだ。最近はコンビニやスーパーの惣菜売り場などでも見かけるが、私は和歌山県で食べた「めはりずし」が、このおにぎりとの最初の出合いだった。

めはりずしは、古漬けにした高菜の葉を広げてごはんにのせ、茎の部分はみじんに切って中に押し込みながらおむすび状に握ったものである。普通のおにぎりよりひとまわり大きいため、口いっぱいに頬張ると、目を大きく見張ってしまうことから、「めはりずし」の名がついたという。そこでさっそく、ガブリと思いきりよくかじりつくと、高菜漬けの発酵臭とともに、口の中に素朴な風味が広がり、あまりのうまさから、一度ならず二度も目を見張ってしまった。めはりずしのうまさ、恐るべしである。

高菜の名産地のひとつ、熊本県の阿蘇《あそ》には「高菜めし」という郷土料理がある。卵と高菜を炒めて、ごはんとゴマを加えたチャーハンのような混ぜごはんで、これは一般の家庭でもよく食べられているようだ。

【アケビとヤマブドウの熟鮓《なれずし》】　くさい度数 ★★

日本の漬物として、最後にもうひとつ珍品を紹介したい。青森県弘前市の近郊の村で出合った

「アケビとヤマブドウの熟鮓《なれずし》」である。植物だけの熟鮓というのは、世界的にも非常に珍しい。ちなみにこの名前は、じつは私が勝手につけたもので、地元の人たちのあいだではとくに呼び名がないということだった。毎年つくっているのに名前がないというのも奇妙な感じだが、ともかく、くさくてうまいのはまちがいない。

材料は、熟したアケビとヤマブドウ、もち米、砂糖、塩である。

アケビは種などの中身をきれいに取り除いて皮だけにし、熱湯に通しておく。そして、もち米を炊き、少し冷ましたところにヤマブドウの粒と砂糖、塩を加えてよく混ぜ、その一部を残して、アケビの皮に詰め込んでいく。ちょうど、いなりずしのようなイメージである。

アケビの皮に詰め終えたら、残ったもち米のごはんの半分を漬け桶の底に敷き、その上に先ほどのアケビを重ねて並べ、一番上に残り半分のもち米のごはんをのせ、蓋をして発酵させる。

秋に漬け込んだものは、正月頃から食べ頃となる。漬け桶から出すと、ヤマブドウの色素でアケビは眩《まぶ》しいほどの赤紫色となっていて、それを筒切りにすると、もち米のごはんも赤紫色に染まり、見た目がじつに美しい。口に頬張ると、乳酸発酵による酸味と甘味、そして発酵臭、アルコールの芳香などが入り混じって、世にも珍しい風味の漬物となる。

中国の漬物

中国ではかなり古い時代から漬物（中国語で「醃菜《イエヌツァイ》」）が食べられてきた。文献上、最初に漬物の記述がみられるのは1世紀半ば頃に著された中国の農書『斉民要術』で、塩漬けや酢漬け、醬油漬け、酒漬け、味噌漬け、糠《かす》（粕）漬け、麹《こうじ》漬けなど、当時すでにさまざまな漬物が顔を揃えていたことがわかる。

多民族国家だから、それぞれ固有の漬物をもっており、調理法も多彩なので、現在でもじつに幅広いつくり方や食べ方がなされている。

私が中国の漬物料理の中で、最も感動したのは「満漢鍋《マンハングオ》」だ。これはもともと歴史的に対立することの多かった満州族と漢族が、鍋の中にひとつとなって友好関係を築こうという意向から、考案されたものらしい。大きな鍋にハクサイの塩漬けを二つ割り（または四つ割り）にして入れて、そこにハクサイの漬け汁を注ぎ込み、竹串に刺した豚肉、イカ、エビ、ギンナン、豆腐などと一緒に煮込んだ料理である。発酵したハクサイと漬け汁由来の酸味とうまみ、そして具材の味も加わって、とてもうまい鍋料理だった。もちろん、発酵臭もすばらしく、箸がどんどん進んだ次第である。

これはちょっとスピンオフ的な漬物料理だが、中国のくさい漬物としては、やはり乳酸発酵させてつくるものがおすすめである。以下に「搾菜《ザーツァイ》」「臭漬《チョウズー》（莧菜《ジェンツァイ》）」「泡菜《バオツァイ》」を紹介する。

【搾菜《ザーツァイ》】　くさい度数　★★

中国の漬物の中で、日本で最もよく知られているのが搾菜であろう。中華料理屋はもちろん、近所のスーパーなどでも普通に購入できるポピュラーな漬物だ。日本だけでなく、世界的にも有名で、中国の主要な輸出商品のひとつとなっている。

搾菜はもともと野菜の名前である。カラシ菜という植物の一種で、肥大化して塊状になった茎を塩漬けし、そのあとの本漬けで白酒《パイチュウ》や八角、サンショウ、甘草、桂枝末、トウガラシ、ショウガなどの香辛料と一緒にかめに漬け込み、乳酸発酵させる。この間、蓋をきちっとしたかめを逆さにして空気との接触を断ち、じっくり発酵させるのがポイントである。

中国・四川省の特産品で、有名なわりに歴史は浅く、中国国内でも本格的に市場に流通するようになったのは、わずか１００年ほど前のことである。

中国では、粥《かゆ》に添えて生のままよく食べられているが、脂っこい料理との相性も抜群で、炒めものや煮もの、スープの材料にも使われる。中華まんやギョウザの具にもなっている。

個性的な酸味としこしこした歯ごたえは、日本の古漬けと並んで、漬物中の傑作といえる。乳酸菌による発酵食品特有のくさみがあるが、どこか郷愁をおぼえる牧歌的なにおいである。

私の場合は、軽く塩抜きと酸味抜きをしたものを油炒めにして、酒の肴にするのが大好物だ。

また、チャーハンの具として使ったり、細かく切って雑炊に入れてもうまく、カロチンやビタミンCの補給源にもなる。

【臭漬《チョウズー》】 くさい度数 ★★★★★

中国にはズバリ「くさい漬物」という名の漬物がある。臭漬がそれである。

臭漬は、浙江省の特産品である「莧菜《ジエンツァイ》」という野菜を原料につくられる漬物で、私も浙江省の寧波《ニンボー》で食べたことがあるが、搾菜など足元にも及ばず、鼻っ柱にシワがよるほど猛烈にくさい。あまりにくさいので、そのまま臭漬という名がつけられたようだ。日本のくさやのようなものである。

莧菜は、日本ではあまりなじみがないが、中国や台湾ではよく食べられているシャキシャキした歯ざわりが特徴の野菜である。この莧菜を漬けるときの香辛料や発酵微生物の種類によって、特有のにおいが生み出される。

そのにおいを「くさい」といって受けつけない人がいる一方で、発酵食品大好きの私のような者にとっては、むしろ食欲をそそられるすばらしいにおいである。酸味のある味もすばらしく、酒の肴にもってこいだ。

浙江省で臭漬を食べたときは、地元で一番くさい白酒《パイチュウ》をわざわざ買ってきて、一緒に堪能《たんのう》したのをよくおぼえている。強烈なくさみをもったもの同士を組み合わせると、口の中で互いが互いを打ち消し合うしぐさをとり、まったく別の芳《かぐわ》しき香りに変身する。このときも同様で、くさい酒を飲みながらくさい漬物を食べていると、酒は風格ある老酒のにおいとなり、臭漬のにおいは牧草を干したときの日向香《ひなたか》となって、口の中で美しいハーモニーを醸し出すのであった。

中国では、夏の食欲の落ちる時期に、この臭漬を粥に混ぜてよく食べられているようだ。

ちなみに、臭漬の漬け汁も当然ながらくさいが、このくさい漬け汁に豆腐（大豆の加工食品）を漬けると、あらあら不思議、コクのあるチーズのようなものができあがり、中国ではこれも人気なのである。

浙江省や四川省では、いかにおいしくてくさい臭漬をつくるかが、主婦の腕の見せどころとされていた時代もあったようだ。これらの地域では、莧菜以外にも、羊角菜、牛耳包菜などを原料に使った臭漬もある。

【泡菜《パオツァイ》】　くさい度数　★★★★

泡菜は中国・四川省の特産品で、中国ではおなじみの漬物のひとつである。

日本の糠漬けと同じように、材料には手近にある野菜が使われる。ダイコン、カブ、ニンジン、ウリ、キャベツ、レンコン、ハクサイなど、好みの野菜を適度にカットし、それをかめに入れて、トウガラシ、八角、サンショウ、桂枝末のほか、砂糖、高粱《コウリヤン》酒、甘草などを加え、塩分約8％の塩水に漬け込む。

泡菜を漬けるためのかめというのが、ちょっとおもしろい。蓋の部分に工夫が施してあって、溝になっているところに水を満たすとかめの中が密封されるしくみになっているのだ。これにより、外気が遮断されて乳酸菌がどんどん増殖し、酸味の強い漬物ができあがる。

しかも一方で、かめの中で発生した発酵ガスは、順次、水を通して排気される。このとき、水がぶくぶくと泡立つことから、泡菜の名がついたといわれている。

数日で漬け上がるので、食べる分だけ取り出して、新しい野菜を補充していく。一晩漬けた浅漬けもうまいが、においを堪能するなら、古漬けのほうがおすすめである。ごはんのお供として、また炒めものやスープなど幅広く使える漬物である。

四川省では、各家庭にたいてい泡菜用のかめが置かれており、それぞれ代々受け継がれてきた味がある。泡菜用のかめは、嫁入り道具のひとつになっているというから、将来のおふくろの味といっていいだろう。

韓国の漬物

【キムチ】　くさい度数 ★★★★

キムチは朝鮮半島に古くから伝わる代表的な野菜の発酵食品である。日本では昭和50年代以降、キムチの消費が急速に伸び、いまや漬物の中で最も人気のある商品となっている。漬物大国ニッポンとしてはちょっと複雑な思いだが、うまいものはうまい。とくに、白いごはんとの相性が抜群だから人気があるのも当然だ。糠漬けをくさいといって敬遠する若者でも、キムチのニオイは大歓迎のようで、喜んでパクパク食べている。

キムチのニオイは、香辛料として使われるニンニク由来の成分が主体で、そこに発酵過程で生じる発酵臭が加わって形成される。

キムチといえばトウガラシの赤い色がすぐ頭に浮かぶが、じつはもともとキムチにはトウガラシは使われていなかった。塩味を基本として、ショウガ、サンショウ、タデ、ニンニクなどで味付けされていたのだ。それが17世紀後半頃、南米起源のトウガラシが朝鮮半島に伝わり、以来、キムチにトウガラシが使われるようになったといわれている。

トウガラシの導入は、朝鮮半島の漬物文化に大変革をもたらした。これを機にキムチの種類はどんどん増え、食生活の中での漬物の存在が飛躍的に拡大したのである。

・キムチの種類

現在、韓国には材料や製法の異なるキムチが100種類以上存在するが、次の3つのタイプに大別できる。漬け汁の多い水キムチ（ムルキムチ）、ダイコンだけで漬けたカクトゥギ（ダイコンキムチ）、ハクサイだけで漬けたペチュキムチ（ハクサイキムチ）である。

ムルキムチは、ダイコンを短冊に切り、ハクサイも同じ大きさに切って、深漬けのように漬ける。カクトゥギは、ダイコンをサイコロ状に切って漬け込む。まな板の上でダイコンをサイコロ状に切るとき、「ガクトック、ガクトック」という音がするので、この名がついたといわれている。

そして、日本でもおなじみのペチュキムチは、ハクサイが出回る冬の時期に集中してつくられるので、トンチミ（冬漬け）ともいう。ハクサイを丸ごと漬け込むのが特徴だ。

・キムチのつくり方

以前、韓国の宮中飲食研究院院長の韓福麗さんに、本場宮廷のペチュキムチのつくり方を教えてもらったことがある。それは次のような手順だった。

ハクサイを縦に2つに割り、粗塩を溶かした食塩水に40分から1時間ほど漬けたあと、葉を広げて塩をふり、重石をして一晩漬ける。

次にヤンニョム（中に入れる具）づくりに着手する。3種類のトウガラシをブレンドし、水を少し加えてペースト状にしたものをダイコン（千切り）に混ぜ、その中へニンニクとショウガのすりおろし、アミの塩辛、小エビ（生）、カキ（生）、ニボシのエキスを加えて再び混ぜたあと、さらにカラシ菜（ざく切り）、セリ（ざく切り）、長ネギ（斜め薄切り）、ワケギ（4～5センチ）、ナシ（千切り）、砂糖を入れて混ぜ合わせる。

翌日、塩漬けしたハクサイを流水で2～3回洗って水をよくきり、その葉1枚1枚の間に、前記したヤンニョムをまんべんなく挟んでいく。そして最後に外側の葉でくるむように包み、かめに入れる。このとき、残ったヤンニョムの汁もかめの中へ注ぎ込む。これが本漬けで、18℃のところに1日置いておくと発酵が進んでキムチのニオイがしてくる。2日目からは冷蔵庫で保存するとのことだった。

これはあくまで宮中料理としてのキムチのつくり方で、実際には家庭によって漬け込む材料や方法が異なり、それぞれに秘伝をもっている。一般的には最初にハクサイを縦4つ切りにする場合が多く、本漬けのときにも重石（材料野菜の半分程度の重さ）をする。また、ヤンニョムには、魚介ではタラ、イシモチ、トビウオ、アジ、コンブ、スルメ、ホタテ貝柱、アワビ、タコなど、果物ではリンゴ、ナツメなど、香辛料ではコショウ、サンショウなど、さまざまなものが使われる。調合の仕方も千差万別で、それがその家庭の隠し味となる。

本漬けをした翌日には、発酵によって野菜の青くささが消え、塩辛の生ぐささも消えて食欲をそそる特有の香味に変化してくる。これはこれでうまいが、3日くらい置いたほうが酸味がのってうまみも増し、深い味わいを愉しめる。

・おいしい食べ方

韓国では、キムチは食の中心的な存在となっている。日常の食事はもちろん、酒の席でも必ずキムチが出てくる。ごはんのおかず、茶うけ、酒の肴など、それぞれの目的に合ったキムチをつくって、食をお膳立てするのである。また、さまざまな鍋料理に使われたり、肉と一緒に炒めたり、野菜サラダのようにして食べることも多い。

キムチは、その漬け汁も重要な調味料となる。発酵の過程で生じた深みのある味とにおいが汁に溶け出ているから、料理の隠し味に使ったり、そのままスープにして飲んでもうまい。発酵の過程でできた乳酸により、口当たりはとてもさわやかで、それでいて深みのある味と香りを堪能できる。冷麺のスープにもよく使われている。

・キムチがうまい理由

キムチがおいしいのは当たり前なのだ。漬け込んだ野菜からみずみずしいうまみが湧き出し、副原料の塩辛類がさらに深いうまみを醸し出し、さらにトウガラシやニンニク、ショウガといった香辛料が食欲をそそる辛味とにおいを付加する。そして、それらのうまみと風味をうまい具合に馴染ませ、熟成してくれるのが、発酵のチカラである。

キムチは五感で味わうべし、と私は常々いっている。手で素材のよさを感じながら調理し、耳で材料を刻む音を聞き、目でその美しい色彩を見て、鼻で食欲をそそられ、口でうまみや歯ごたえを愉しむ。こんなぜいたくな食品はめったにあるものではない。

・キムチの健康効果

キムチは食べてうまいだけでなく、体にもいい効果をもたらすといわれている。食欲増進や胃腸の消化を促す効果は、誰もが実感しているものではないだろうか。夏バテで食欲がないときでも、キムチをおかずに加えたり、キムチで味付けした料理をつくったりすると、不思議に食べられるものだ。キムチの適度な辛さと特有の発酵香によって食欲が奮い立つのである。私なんかキムチだけで、ごはん3杯くらい軽くいけてしまう。

このほか、キムチは野菜由来の食物繊維も豊富である。食物繊維は便通をよくするとともに、脂肪の吸収を抑えたり、コレステロールを減らす働きも期待できる。また、キムチづくりに使われる香辛料や魚醤も、健康効果の高いものが揃っている。トウガラシやニンニクはその代表だが、キムチを食べたときに体がぽかぽかと温まり、風邪をひきにくくなったり、疲れがやわらいだりするのは、それらの相乗効果と考えられる。トウガラシ由来のカプサイシンという成分は、体脂肪を減らすうえで役立つともいわれている。

さらに、キムチは発酵食品なので生きた乳酸菌もたくさん含まれている。乳酸菌は野菜のビタミンを増やすほか、人の腸の中に入ると悪玉菌を排除して、免疫力アップなど、腸から体を元気にしてくれる。

私自身、キムチを食べると、体が燃えて力がつくような気がして、日頃から大いに食べている。あのにおいを嗅いだだけで食欲はもりもり増進し、体が何となくムズムズしてきて、やる気も出る。まだまだ解明されていない多くの機能性を秘めていると考えられる。おいしく食べながらパワーがついて健康になれるなんて、こんなに嬉しいことはない。

・キムチは韓国の文化である

私はこれまで幾度となく韓国を訪れ、歴史と伝統に根づいたさまざまな食文化にふれてきた。なかでも印象的なのは、どこへ行ってもキムチの出ない食卓はなく、キムチの材料は一年を通して市場にあふれていた。

とくにペチュキムチの主材料であるハクサイが収穫され、いよいよペチュキムチを漬ける時期が到来すると、韓国全土は「キムチ騒がせ」といった状態に陥る。大都市の路上はもちろん、地方の村々の路上に至るまでトウガラシやニンニクの青空市が立って大変な賑《にぎ》わいとなるのである。その光景はじつにダイナミックだ。大きな袋にぎっしり詰められたトウガラシやニンニクが何袋単位で動いていく。また、釜山《プサン》市や木浦《モッポ》市のような港町では、いたるところにドラム缶に仕込んだ小魚の魚醤や蝦醤（アミ醤油）、イカの醬、殻をむいた貝類の醬などが並べられ、どれも数十キロ単位で各地へどんどん出荷されていた。以前、木浦市や廣川市《クアンチョン》でその何種類かを味見させてもらったところ、きわめて塩の強いものであったが、うまみが飛び抜けて深く、ドラム缶によって味と香りがすべて異なっていた。どの魚醤を選ぶかはお好み次第というわけである。

韓国の人は1日平均200グラムのキムチを食べるといわれ、まさに国民食といった感がある。

・韓国のキムチと日本のキムチは違う

ちなみに、韓国で食べられているキムチと、日本で市販されているキムチでは、風味に大きな違いがある。

韓国のキムチは塩分が少なくて酸味がしっかりついている。それもどぎつい辛さや酸っぱさでなく、熟れて角のとれたまろやかな辛さと酸味である。これに対して、日本製のキムチの多くはしょっぱさがまず舌を刺激し、しつこくて品のないうまみがあって、酸味はあまり感じない。そして最大の違いはトウガラシの辛さだ。韓国のキムチは辛いというより、コクのあるうまみと辛さがじつに舌に心地いい。一方、日本のキムチの多くは只々激辛なのである。

両者の違いは何に由来するのか。韓国でつくられている本物のキムチは、短期間で大量生産できるものではない。キムチをつくるのに何ヵ月も前から準備し、材料の野菜や香辛料、塩までも、各家庭でつくっていたりするのである。厳選した材料を秘伝の方法で漬け込み、そのあとも細心の注意を払いながら発酵状態を管理して、ていねいにつくり上げていく。キムチに対する愛情がハンパではないのだ。

ところが、日本では化学調味料や色素などを加えた、発酵をほとんどしていない即席の「キムチもどき」が多く出回っている。これでは本来のうまみや風味は生まれないし、前記した保健機能も期待できない。なにより、朝鮮半島の重要な食文化にもっと敬意を払って正しく伝えることが大切ではないだろうか。

なお、キムチは2013年12月に国連教育科学文化機関（ユネスコ）の無形文化遺産に登録されたので、日本ではいい加減なキムチはつくることはできなくなってくる。

タイの漬物

タイにも非常に多彩な漬物が存在する。タイ語で漬物を「ドン」というが、くさい「ドン」を選《よ》りすぐって紹介しよう。

【パクドン】　くさい度数 ★★

パクドンは、タイを代表する漬物である。日本の野沢菜のような野菜を丸ごと薄塩で2日間下漬けし、それを汁ごと漬け込み、容器に入れて上を密閉して発酵させる。10日目くらいから食べられるが、1ヵ月くらい漬けた古漬けも好まれる。特有の発酵臭が快いくさみになって食欲を湧き立たせる。

炒め料理に使われることが多く、卵と炒めた「パクドンパッタイ」は人気料理となっている。漬け汁も有効活用されていて、豚肉スープと合わせた「ゲンチュウパクドン」はおいしいスープである。魚の料理に使用すると、魚の生ぐさみが消えるという。

とにかく、タイでは食事の際に常時このパクドンがさまざまな形で食べられていて、漬物として、あるいは調味料として重宝されている。

【ガチャムドン】　くさい度数　★★

タイ北部のチェンマイでは、ガチャムドンという漬物に出合った。これはニンニクの酢漬けで、かなり甘い味がする。ニンニクのくさみにも刺激されて、夢中で食べた記憶がある。

東京のような都会に住んでいると、食後のニンニク臭が気になって、なかなかニンニクを思いきって食べることができない。しかし、自然豊かな環境の中では、余計なことは考えずにニンニクのくさみと味を心ゆくまで堪能でき、旅の疲れが一気に癒された感じであった。

【ノンマイドン】　くさい度数 ★★

中国・ラオスの国境付近にあるチェンタイからさらに北のほうへ行ったときは、ノンマイドンという名のタケノコの漬物を見つけた。直径2センチぐらいの筒切り状のタケノコを塩漬けしたものだが、なかなかくさく、これをスープやカレー、煮もの、炒めものの具として食べられていた。こちらもくさい漬け汁も、無駄にすることなく、豚肉や鶏肉、魚介などのスープに使われていた。

【ドンブリヨ】　くさい度数 ★★★

ドンブリヨは、米のとぎ汁で仕込んだ漬物である。薄塩で下漬けしたダイコン、キュウリ、マンゴー、モヤシ、菜っ葉などを、米のとぎ汁の中に入れて乳酸発酵させてつくられる。

ブリヨというのはタイ語で「酸っぱい」を意味するが、一夜漬けのものはとてもさわやかな酸味で、牧歌的なにおいもあいまって、じつに食が進む。しかし、長く漬けるとかなりくさくなって鼻もちならぬこともある。油が多めの料理には、この少し長く漬けた方を使うと、くさみと酸味が利いてうまい。タイのように暑い国で油料理をさっぱりとした味わいで食べるには、この酸味とくさみの利いた漬物が調味料として欠かせないものだと実感する。土地には土地に合った料理がちゃんと存在するのである。

ミャンマーの漬物

ミャンマーでは漬物のことを「チェ」というが、タイ以上に漬物の種類が豊富である。とくに高地に住む山岳民族は、じつにさまざまな漬物をもっており、市場には圧倒されるほどの種類の漬物が並んでいた。

原料は、根菜、葉菜、山菜、豆芽（モヤシなど）、タケノコ、トウガラシ、果実、茶葉、キノコ、魚介など、挙げればきりがないほどで、製法も酢漬け、糠漬け、米のとぎ汁、塩漬け、砂糖漬け、醬油漬け、魚醬漬け、シロップ漬けなど多岐にわたる。漬物王国ニッポンに迫る勢いだ。

くささもさることながら、酸っぱい漬物が多いのが印象的である。1年中、暑いミャンマーでは、カレーのような油と香辛料をたっぷり使った料理が多い。そのため、酸味とくさみのある漬物は口の中をさっぱりさせるのにとても都合がいいのだ。

【レイエチェ】　くさい度数　★★★

自由市場や露天市では、レイエチェというマンゴーの漬物が最も目についた。青いマンゴーを細く切り、米のとぎ汁と薄塩で漬けて乳酸発酵させたものである。さわやかな酸味が嬉しい漬物であった。大半は短期漬けだが、長く漬けたものは非常にくさい。

【ペーピンパウチェ】　くさい度数　★★★

ペーピンパウチェは、「マッペ」という緑豆でつくったモヤシを、米のとぎ汁（または米糠を水に溶いたもの）と薄塩で仕込み、乳酸発酵させたものである。ややくさみのあるこの酸っぱい味のモヤシの漬物は、肉や魚と炒めたり、煮込んだりして食べられていた。
ミャンマーではモヤシがよく食べられていて、ペーピンパウチェはその中心的な役割を担っている。

【チャトンチェ】　くさい度数　★★

ラッキョウを魚醬と穀物醬油を合わせた液にラッキョウを漬けて発酵させたものが、チャトンチェである。これはにおいが格別で、くさいもの好きの人には「待ってました」という逸品である。同じ液に野菜の茎を漬けたものは、ズミチェと呼ばれる。

【ベーボン】　くさい度数　★★

ベーボンは、地下茎のチョロギを米のとぎ汁と薄塩で漬けて乳酸発酵させたものである。酸味をもたせたものと、魚醬に漬けてうまみをぐんとのせたものがあり、どちらも歯ごたえがコリコリシャリシャリしているのが印象的だ。魚醬に漬けたものは、においもなかなかのくさみがあり、食欲をそそる私好みの風味であった。

インドの漬物

【チャツネ】　くさい度数　★★

インド料理では、チャツネ（正確にはチャャットニー）と呼ばれる漬物がある。

チャツネは、野菜、果物、香草などを刻み、そこに砂糖、酢、香辛料を加えて煮詰め、ペースト状にしてから発酵させた漬物である。発酵させないタイプもあるが、発酵させたもののほうが料理の薬味としては断然勝る。

料理用の隠し味に使ったり、できあがった料理につけて食べるのが一般的で、特有のくさみがまた、食欲をモリモリと湧き立たせてくれるのであった。

ドイツの漬物

【ザウアークラウト】　くさい度数　★★

ヨーロッパの漬物についてもふれておこう。ヨーロッパの漬物の数は限られているが、くさいものとしてはザウアークラウトがある。

ザウアークラウトとは、ドイツ語で「酸っぱいキャベツ」を意味する。その名のとおり、キャベツを塩漬けして乳酸発酵させた、酸味の強い漬物である。酸っぱい味は酢ではなく、日本の糠漬けと同じ乳酸菌による発酵過程で生み出される。

この製法はもともと中世の頃、中央アジアからヨーロッパへ伝わったとされている。以来、歴代のバイエルン国王の食膳に供され、15世紀には女王の結婚式の祝宴に使われたという記録もあるようだ。

現在もドイツでは食卓に欠かせない一品で、各家庭でザウアークラウトをつくるほか、ビン詰めや缶詰、袋詰めになったものが市販されている。

つくり方はさまざまだが、キャベツを積み重ねて1週間ほど熟成させたあと、外側の葉と芯を取り除き、水洗いして細切りにする。そして、塩をまぶしてから、かめや樽に漬け込み、発酵・熟成させる。20℃くらいの場所に3週間くらい置くと、ザウアークラウトの酸の量がおよそ1％になってちょうど食べ頃になる。そのにおいは酪農家のサイレージ（牛などの発酵飼料）を思わせる牧歌的くさみがある。

日本では漬物というと、そのまま食べるのが一般的だが、ザウアークラウトは漬物としてバリバリ食べるというよりも、たいてい加熱調理される。湯がいてから冷やしてサラダにしたり、炒めたものをソーセージなどの肉料理の付け合わせにしたり、シチューなどの煮込み料理に入れることもあるようだ。

ザウアークラウトを使った代表的なドイツ料理がシュラハトプラットだ。これはソーセージや牛肉と一緒に蒸し焼きにしたものである。さわやかな酸味が、脂っこい肉料理にとてもよくあう。

一方、生で食べると便秘に効果があるともいわれていて、これは発酵微生物である乳酸菌の整腸作用によるものだろう。ザウアークラウトはビタミンCの量も豊富で、ドイツでは風邪のひき始めのとき、ザウアークラウトを煮込んで食べると汗が出て風邪が治るとされている。

ドイツだけでなく、ヨーロッパやロシア、アメリカなどでも広く食べられていて、国によってサンドイッチやホットドッグに挟んだり、ロールキャベツに使ったりすることもあるようだ。

私が舌を躍らせて貪《むさぼ》ったのが、フランスのアルザス地方で食べた料理である。ザウアークラウトを白ワインで煮ただけの料理だが、特有の酸味と渋味が絶品で、歯ごたえも心地よく、アルザスワインとびっくりするほどよく合った。山のように盛ったザウアークラウトをあっという間に食べ尽くしたのを覚えている。

欧米ではザウアークラウトのジュースが売られているという。ザウアークラウト自体のにおいは、漬物好きの日本人なら、それほど苦ではないと思うが、ジュースのにおいは格別のようだ。私は飲んだことがないが、乳酸発酵させた漬物の漬け汁を飲んでいるイメージかもしれない。

参考文献

『酒の話』小泉武夫著、講談社現代新書、1982年
『世界「香食」大博覧会』小泉武夫著、徳間書店、1989年
『匂いの文化誌』小泉武夫・吉武利文・川上智子著、リブロポート、1989年
『発酵』小泉武夫著、中公新書、1989年
『日本酒ルネッサンス』小泉武夫著、中公新書、1992年
『奇食珍食』小泉武夫著、中公文庫、1994年
『銘酒誕生』小泉武夫著、講談社現代新書、1996年
『冒険する鼻』小泉武夫著、三一新書、1997年
『発酵食品礼讃』小泉武夫著、文春新書、1999年
『漬け物大全』小泉武夫著、平凡社新書、2000年
『小泉武夫　微生物が未来を救う』NHK「課外授業　ようこそ先輩」制作グループ・KTC中央出版編、KTC中央出版、2000年
『納豆の快楽』小泉武夫著、講談社、2000年
『アジア怪食紀行』小泉武夫著、徳間書店、2001年
『小泉武夫の世にも不思議な食の世界』小泉武夫著、日本経済新聞社、2001年
『不味い！』小泉武夫著、新潮文庫、2003年
『中国怪食紀行』小泉武夫著、光文社知恵の森文庫、2003年
『怪食紀行秘蔵写真集　冒険する舌』小泉武夫著、集英社インターナショナル、2003年
『地球怪食紀行』小泉武夫著、光文社知恵の森文庫、2005年
『地球を肴に飲む男』小泉武夫著、講談社文庫、2005年
『くさいものにフタをしない』小泉武夫著、新潮文庫、2005年
『くさいはうまい』小泉武夫著、文春文庫、2006年
『キムチの誘惑』小泉武夫著、情報センター出版局、2008年
『発酵美人』小泉武夫著、メディアファクトリー、2009年
『発酵食品学』小泉武夫編著、講談社、2012年
『食で日本一の孫育て　虎の巻』小泉武夫著、マガジンハウス、2012年
『すべてがわかる！「発酵食品」事典』小泉武夫・金内誠・舘野真知子監修、世界文化社、2013年
『小泉武夫のミラクル食文化論』小泉武夫著、亜紀書房、2013年
『いきいき・ビンビン　和食生活のすすめ』小泉武夫著、東京堂出版、2013年

［は行］

［ま行］

［や行］

［ら行］

［ん］

[た行]

[な行]

索　引

小泉　武夫（こいずみ・たけお）

1943年、福島県の酒造家に生まれる。東京農業大学名誉教授。農学博士。専門は食文化論、発酵学、醸造学。現在、鹿児島大学、琉球大学、広島大学などで客員教授を務める。NPO法人発酵文化推進機構理事長。主な著書は『食あれば楽あり』（日経ビジネス人文庫）、『食と日本人の知恵』（岩波現代文庫）、『発酵食品礼讃』（文春新書）、『絶倫食』（新潮文庫）、『いきいき・ビンビン 和食生活のすすめ』（東京堂出版）など多数。単著は130冊を数える。

くさい食べもの大全

2015年4月1日　初版発行
2015年8月10日　再版発行

著　　者　小泉　武夫
発 行 者　小林　悠一
発 行 所　株式会社 東京堂出版
〒101-0051　東京都千代田区神田神保町1-17
電　話　(03)3233-3741
振　替　00130-7-270
http://www.tokyodoshuppan.com/

装　　丁　坂川栄治＋坂川朱音（坂川事務所）
編集協力　小林　みゆき
D T P　株式会社 オノ・エーワン
印刷・製本　図書印刷 株式会社

ISBN 978-4-490-20895-5 C0077